澤井陽介
文部科学省教科調査官

小学校社会
授業を変える
5つの
フォーカス

図書文化

はじめに

　平成20年3月に新しい小学校学習指導要領が告示されて，平成23年度から全面実施となりました。社会科においては，「日本人としての自覚をもって国際社会で主体的に生きるとともに，持続可能な社会の実現を目指すなど，公共的な事柄に自ら参画していく資質や能力を育成することを重視する方向で改善を図る」と中央教育審議会から答申されたことを受けて，『小学校学習指導要領解説社会編』に「よりよい社会の形成に参画する資質や能力の基礎をも含む」ことが，社会科を通して子どもに育てる公民的資質の説明として加えられました。

　このことは，これからの小学校社会科がめざす方向をよりいっそう明確にしたという点で大きな意味をもつものです。その具体策の一つは，実社会の課題に対応した内容が盛り込まれたことです。情報，法やきまり，金融・経済，防災，エネルギー・環境，福祉・社会保障といった内容です。これらは，これからの持続可能な社会，公共社会のあり方を考えるうえで大切な視点になります。社会科には，社会の変化に対応しながらたくましく生きていく子どもたちを育てるという大切な役割があるため，学習内容も社会の変化に対応する必要があり，今回の改訂ではそのことが多岐にわたって行われたわけです。

　また，同じく中央教育審議会において，「社会的事象に関心をもって多面的・多角的に考察し，公正に判断する能力と態度を養い，社会的な見方や考え方を成長させること」や「社会的事象に関する基礎的・基本的な知識，概念や技能を確実に習得させ，それらを活用する力や課題を探究する力を育成する観点から，各学校段階の特質に応じて，習得すべき知識，概念の明確化を図る」ことなどが示されました。すなわち，確かな知識に基づく理解を積み重ねて社会を見る目を育てたり，思考力，判断力，表現力や問題解決の力を育てたりしていくことをめざしています。

　こうした改訂の方向を踏まえて，授業を実践していくことが大切です。
　しかしながら各都道府県や各学校を訪問すると，社会科の授業について「1時間の授業の組み立て方がむずかしい」「覚えさせることが多くて大変」「教

材を考えたり資料を集めたりする時間がとれない」といった声が先生方から聞かれます。新規採用教員の数が急増している都道府県もあり、ますます切実な課題になってきています。またその一方で、各都道府県や市町村の社会科研究会では、活発に実践研究が行われており、「改訂のポイントを確認したい」「これからの社会科のあるべき方向を知りたい」といった要望もあります。

　本書は、こうした社会科の授業づくりの課題を複眼的にとらえて、若手の先生方にも、すでに研究会等で活躍されている先生方にも読んでいただけるよう、次のように構成しています。

1　5つのフォーカス
　　社会科の授業づくりについて、5つのフォーカス（焦点）で解説しています。どのフォーカスから読んでも授業づくりのヒントが得られるように構成しています。ご自分の課題意識の大きな順にお読みください。

2　見開き構成
　　基本形を2ページの構成としています。そのため詳しい記述は不十分かもしれませんが、気軽に読めるようにしています。

3　図解を多用
　　できるかぎり図やイラストで構成するようにしています。全体像をとらえたり関係を整理したりできるようにしています。

4　平易な言葉で表現
　　研究用語などをできるかぎり使わずに、平易な言葉で表現するようにしています。

　本書が、各学校での社会科の授業において活用され、子どもたちに社会科でめざす問題解決能力、調べる力、考える力、表現する力が育つこと、また本書を活用することで教師が社会科の指導力を高めて、社会科の授業がよりいっそう充実することを願っています。

　終わりになりましたが、本書の出版にあたっては、図書文化社の編集部の皆様のご助言、ご支援を賜りました。こうした機会をいただいたことも併せて、この場をお借りしてあらためて御礼申しあげます。

澤井　陽介

小学校社会
授業を変える
5つのフォーカス

もくじ

はじめに

第1章 ズームアップ1
小学校社会科の全体像の大まかな把握 …… 7
1　目標の構造は …… 8
2　どのような理解を育てるか …… 10
3　どのような態度を育てるか …… 12
4　どのような能力や技能を育てるか …… 14

第2章 ズームアップ2
これからの社会科授業改善のフォーカス …… 17
1　よりよい社会の形成に参画する資質や能力の基礎とは …… 18
2　これからの社会科授業改善の5つのフォーカス …… 20
　フォーカス❶　子どもが「社会的事象の意味を考える」授業 …… 22
　(1) 基礎的・基本的な知識や概念を明確にする …… 22
　(2) 子どもが社会的事象の意味を考えるようにする …… 24
　(3) 教材研究を通して社会的事象の意味を解釈する …… 26
　(4) 子どもが体験や資料活用でつかんだ具体的な事実を大切にする …… 28
　(5) 子どもが学習内容の全体像をとらえるように工夫する …… 30
　実践事例から学ぶ …… 32

フォーカス❷ 子どもが「問いを追究・解決する」授業 …… **38**

(1) 問題解決的な学習のイメージをもつ …… **38**
(2) 学習問題や発問を明確にする …… **40**
(3) 子どもの「なぜ」を大切にする …… **42**
(4) 子どもが自分なりの予想をもつようにする …… **44**
(5) 子どもが学習計画を立てるようにする …… **46**
(6) 情報を焦点化して考えるようにする …… **48**
(7) 説明や話合いを大切にする …… **50**
(8) 振り返りを大切にする …… **52**

`実践事例から学ぶ` …… **54**

フォーカス❸ 子どもの「能力や技能を育てる」授業 …… **60**

(1) 思考力，判断力，表現力を関連づけてとらえる …… **60**
(2) 考える力を育てる 〜比較する・関連づける〜 …… **62**
(3) 考える力を育てる 〜総合する・再構成する〜 …… **64**
(4) 言語などで表現する力を育てる …… **66**
(5) 観察・調査の技能を育てる …… **68**
(6) 資料活用の技能を育てる …… **70**
(7) ICTを効果的に活用する 〜電子黒板の効果的な活用〜 …… **72**
(8) ICTを効果的に活用する 〜協同的な学びのツールとして〜 …… **74**

`実践事例から学ぶ` …… **76**

**フォーカス❹ 子どもの
　　　　　　　「社会的な見方や考え方が成長する」授業** …… **82**

(1) 社会的な見方や考え方とは …… **82**
(2) 社会的な見方や考え方を養う
　　　　── 社会的事象の見方に着目して …… **84**
(3) 社会的な見方や考え方が成長する
　　　　── 社会の一員としての広い視野からの考え方に着目して …… **88**

(4) 子どもの「社会的な見方や考え方」が成長する授業 …… 91
実践事例から学ぶ …… 96

フォーカス❺ 教師が「指導と評価を一体化させる」授業 …… 102
(1) 評価の基本的な考え方を把握する …… 102
(2) 「社会的事象への関心・意欲・態度」で評価する …… 104
(3) 「社会的な思考・判断・表現」で評価する …… 106
(4) 「観察・資料活用の技能」で評価する …… 108
(5) 「社会的事象についての知識・理解」で評価する …… 110
(6) 「指導と評価の計画」を作成する …… 112
(7) 子どもの言語表現を評価する …… 114
実践事例から学ぶ …… 116

第3章 新しい内容の実践上のポイント …… 125

1　社会的な課題への対応 …… 126
2　伝統や文化に関する内容の充実 …… 139
3　基礎的・基本的な知識の重視 …… 145

第1章

ズームアップ ①

小学校社会科の全体像の大まかな把握

［小学校社会］
授業を変える
5つの
フォーカス

[第 1 章]

ズームアップ ❶ 小学校社会科の全体像の大まかな把握

1 目標の構造は

　教科目標にある公民的資質は,『小学校学習指導要領解説社会編』(平成20年) において次のように例示されています。

　　平和で民主的な国家・社会の形成者としての自覚をもち,自他の人格を互いに尊重し合うこと,社会的義務や責任を果たそうとすること,社会生活の様々な場面で多面的に考えたり,公正に判断したりすることなどの態度や能力であると考えられる。

　　……日本人としての自覚をもって国際社会で主体的に生きるとともに,持続可能な社会の実現を目指すなど,よりよい社会の形成に参画する資質や能力の基礎をも含むものであると考えられる。

　これらは,社会科を学んだ子どもが大人になった姿を想定して書かれています。その基礎を養うのです。いますぐ,授業の中で実現するようにと書かれているわけではありません。社会科は社会の中で生きる人を育てる教科であり,その方向を示しているのです。そのためには,各学年の目標*1を実現する授業が必要という構成で書かれた教科目標なのです。各学年の目標は,理解・態度・能力の3つに関する目標で構成されています。理解・態度・能力を関連的,一体的に育てていくことをめざしているのです。目標の文末記述を抜き出して,相互関係を右図にしました。「わかる (理解)」ことと「できる (能力・態度)」ことが結び

●理解・態度・能力が関連的に育つイメージ図

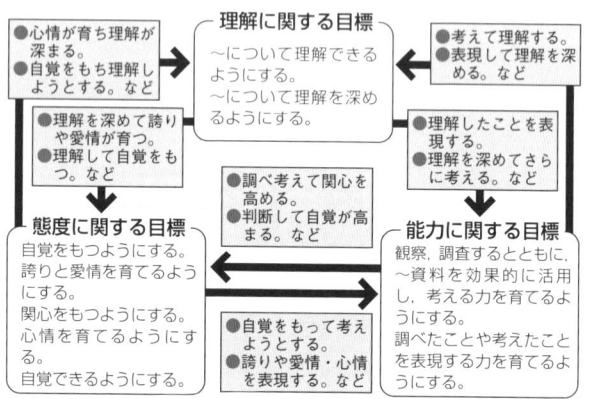

つき，一体的に育つ児童の姿の一例としてとらえてください。

●社会科の目標構造図

社会科の教科目標

社会生活についての理解を図り，我が国の国土と歴史に対する理解と愛情を育て，国際社会に生きる平和で民主的な国家・社会の形成者として必要な公民的資質の基礎を養う。

各学年の目標
*一部簡略化して記載

第3・4学年

[理解]
地域の産業や消費生活の様子，人々の健康な生活や良好な生活環境及び安全を守る諸活動

[態度]
地域社会の一員としての自覚

[理解]
地域の地理的環境，人々の生活の変化や地域の発展に尽くした先人の働き

[態度]
地域社会に対する誇りや愛情

[能力]
● 地域社会の社会的事象の特色や相互の関連などについて考える力
● 調べたことや考えたことを表現する力

[技能]
● 観察・調査の技能
● 地図や具体的資料を効果的に活用する技能

第5学年

[理解]
我が国の国土の様子，国土の環境と国民生活との関連

[態度]
環境の保全や自然災害の防止の重要性についての関心，国土に対する愛情

[理解]
我が国の産業の様子，産業と国民生活の関連

[態度]
我が国の産業の発展や社会の情報化の進展への関心

[能力]
● 社会的事象の意味について考える力
● 調べたことや考えたことを表現する力

[技能]
● 具体的に調査する技能
● 地図や地球儀，統計などの基礎的資料を効果的に活用する技能

第6学年

[理解]
国家・社会の発展に大きな働きをした先人の業績や優れた文化遺産

[態度]
我が国の歴史や伝統を大切にし，国を愛する心情

[理解]
日常生活における政治の働きと我が国の政治の考え方及び我が国と関係の深い国の生活や国際社会における我が国の役割

[態度]
平和を願う日本人として世界の国々の人々と共に生きていくことが大切であることの自覚

[能力]
● 社会的事象の意味をより広い視野から考える力
● 調べたことや考えたことを表現する力

[技能]
● 具体的に調査する技能
● 地図や地球儀，年表などの基礎的資料を効果的に活用する技能

ズームアップ ❶ 小学校社会科の全体像の大まかな把握

2 どのような理解を育てるか

　理解に関する目標には、「関連」「業績」「働き」「役割」などの表現が見られます。これは、社会科が、人々と自然と社会の仕組みの相互関係を理解することから始まったことや、社会科の教科目標にある「社会生活についての理解」について、「人々が相互に様々なかかわりをもちながら生活を営んでいることを理解する」と説明されていることにも関係しています。

　すなわち、小学校社会科は、人々、自然環境、社会の仕組みなどの「相互関係」の有り様を調べて、社会的事象*2の特色や意味を考える教科であり、相互関係をとらえるためには、人々の働きや営みが大変重要な意味をもつことになります。

●第3学年および第4学年の学習指導要領の記述内容

中心となる社会的事象	調べる対象	学習の仕方	考えること
(1) 自分たちの住んでいる身近な地域や市(区、町、村)	ア 特色ある地形、土地利用の様子、主な公共施設などの場所と働き、交通の様子、古くから残る建造物	観察、調査したり白地図にまとめたり	地域の様子は場所によって違いがあること
(2) 地域の人々の生産や販売	ア 地域には生産や販売に関する仕事があり、それらは自分たちの生活を支えていること イ 地域の人々の生産や販売に見られる仕事の特色及び国内の他地域などとのかかわり	見学したり調査したり	それらの仕事に携わっている人々の工夫
(3) 地域の人々の生活にとって必要な飲料水、電気、ガスの確保や廃棄物の処理	ア 飲料水、電気、ガスの確保や廃棄物の処理と自分たちの生活や産業とのかかわり イ これらの対策や事業は計画的、協力的に進められていること	見学、調査したり資料を活用したり	地域の人々の健康な生活や良好な生活環境の維持と向上に役立っていること
(4) 地域社会における災害及び事故の防止	ア 関係機関は地域の人々と協力して、災害や事故の防止に努めていること イ 関係の諸機関が相互に連携して、緊急に対処する体制をとっていること	見学、調査したり資料を活用したり	人々の安全を守るための関係機関の働きとそこに従事している人々や地域の人々の工夫や努力
(5) 地域の人々の生活	ア 古くから残る暮らしにかかわる道具、それらを使っていたころの暮らしの様子 イ 地域の人々が受け継いできた文化財や年中行事 ウ 地域の発展に尽くした先人の具体的事例	見学、調査したり年表にまとめたり	人々の生活の変化や人々の願い、地域の人々の生活の向上に尽くした先人の働きや苦心
(6) 県(都、道、府)の様子	ア 県(都、道、府)内における市(区、町、村)の地理的位置、47都道府県の名称と位置 イ 県(都、道、府)全体の地形や主な産業の概要、交通網の様子や主な都市の位置 ウ 県(都、道、府)内の特色ある地域の人々の生活 エ 人々の生活や産業と国内の他地域や外国とのかかわり	資料を活用したり白地図にまとめたり	県(都、道、府)の特色

下図は，小学校社会科は子どもたちにどのように社会をとらえさせようとしているかを整理した図です。前ページの表（第3学年および第4学年の例）のように，学習指導要領に示されている各学年の内容のうち，「考えること」と「調べる対象（ア，イなど）」の記述から要素を抽出したものです。

　不十分な点はあるかもしれませんが，小学校学習指導要領社会の全体像を理解や認識の面から大まかにとらえることはできると思います。

　小学校社会科は，子どもにどのような理解を育てようとしているのかを大きくとらえておくことが大切です。

● 小学校社会科がめざす「概念*3理解」の方向

〈子どもが社会や社会的事象をどのように理解することをねらっているか〉

- ● 社会的事象の相互のつながりで社会は成り立っていること
  - (1) 社会的事象の成立には自然環境などさまざまな条件が関連している
  - (2) 社会はさまざまな立場の人々が連携・協力することで成り立っている
  - (3) 社会には役割やルールがあり，それぞれが責任を果たしている　など

- ● 社会的事象はわたしたちの生活とかかわっていること
  - (1) 社会的事象の働きが，わたしたちの生活を支えている
  - (2) 社会的事象は，わたしたちの生活に影響を与えている
  - (3) わたしたちから社会的事象にかかわることが大切である　など

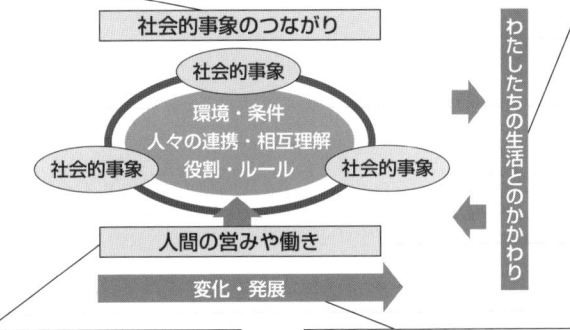

- ● 社会的事象の背景には人々の工夫や努力，願い，文化や習慣などがあること
  - (1) 人々の工夫や努力が社会的事象を支えている
  - (2) 人々の願いが社会的事象を支えている
  - (3) 人々の努力や願いは受け継がれてきている
  - (4) 異なる文化や習慣を理解し合うことが大切である　など

- ● 社会は人々の働きにより変化・発展するものであること
  - (1) いまある社会は過去の人々の働きによりつくられた
  - (2) 人々はいつも課題を解決し，社会を発展させようと努力している
  - (3) これからは持続，発展，公共など，よりよい社会のあり方を考えていくことが大切である　など

ズームアップ ① 小学校社会科の全体像の大まかな把握

3 どのような態度を育てるか

　態度は「確かな理解のもとに育つ態度」であるという趣旨から、理解と同じ文章の中で一緒に表現されています。また、能力と態度の関係についても、評価の観点が一緒になっていた時期もあることなどから、密接な関連があることがわかります。

　態度といっても、すなわち行動や実践を示しているわけではなく、自覚、誇りや愛情、関心といった、いわば子どもの内面に育つ情意的なものを示しています。これは、社会科が「実践行動始めにありき」の教科ではなく、社会的事象の様子を理解したり意味を考えたりすることを重視し、そのことによって子どもの中に実社会に向ける情意面が養われることを期待している教科であることを表します。

　次ページの図の上段のように、各学年の態度に関する目標を並べてみると、よりよい社会の形成に参画する資質[*4]の基礎の多くが、ここに書かれていることがわかります。このように、これまでの社会科授業の基本も、これからの社会科授業がめざす方向も、まずは社会科の教科目標と各学年の目標をしっかりと見据えることが大切になるわけです。

　ただし、これらは数時間の授業など短いスパンで育つことを期待しているものではありません。ですから、図の下段にあるように、評価規準[*5]でそこに向かう具体的な姿を想定することが大切です。そうでなければ、いつまでも届くことのないものになってしまうからです。

　ちなみに、評価規準は「関心をもっている」「意欲的に調べている」など、社会的事象に主体的にかかわって調べようとする姿と、「かかわり、発展、大切さを考えようとしている」「協力しようとしている」など、学んだことを生かしてよりよい社会のあり方や自分たちの社会へのかかわり方などを考えようとする姿に分けて記述することが考えられます。

　授業を通して評価と指導を繰り返し、徐々に子どもの中に行動や実践に

向かう内面が蓄えられ,「構え(姿勢)」が形成されていく,それを態度ととらえるとよいでしょう。

● 小学校社会科で育てる態度

求められている態度

「公民的資質」の態度に関する記述
- 平和で民主的な国家・社会の形成者としての自覚
- 自他の人格を互いに尊重し合うこと
- 社会的義務や責任を果たそうとすること

よりよい社会の形成に参画する資質や能力の基礎
- 日本人としての自覚をもって国際社会で主体的に生きる
- 持続可能な社会の実現を目指す

各学年の態度に関する目標
- 第3学年および第4学年
  ・地域社会の一員としての自覚をもつようにする。
  ・地域社会に対する誇りや愛情を育てるようにする。
- 第5学年
  ・環境の保全や自然災害の防止の重要性について関心を深めるようにする。
  ・国土に対する愛情を育てるようにする。
  ・我が国の産業の発展や社会の情報化の進展に関心をもつようにする。
- 第6学年
  ・我が国の歴史や伝統を大切にし,国を愛する心情を育てるようにする。
  ・平和を願う日本人として世界の国々の人々と共に生きていくことが大切であることを自覚できるようにする。

指導計画や授業案をつくる際に上記のどの態度につながるかを見据えて具体的に想定することが大切

想定される評価場面
観点別学習状況の評価の観点

社会的事象への関心・意欲・態度	社会的な思考・判断・表現	観察・資料活用の技能	社会的事象についての知識・理解

- 第3学年および第4学年
  ・〜に関心をもち,意欲的に調べている。
  ・〜の様子の特色やよさを考えようとしている。
  ・〜と自分たちの生活とのかかわりを考えようとしている。
  ・〜の取組み(活動)に協力しようとしている。
  ・地域社会のよりよい発展を考えようとしている。
- 第5学年
  ・〜に関心をもち,意欲的に調べている。
  ・我が国の食料(工業)生産の発展を考えようとしている。
  ・社会の情報化の進展に関心をもち,情報を有効に活用しようとしている。
- 第6学年
  ・〜に関心をもち,意欲的に調べている。
  ・我が国の歴史や伝統の大切さを考えようとしている。
  ・我が国の政治の働きを考えようとしている。
  ・異なる文化や習慣を尊重し合うことや世界平和の大切さ,我が国が世界において重要な役割を果たすことの大切さを考えようとしている。

『評価規準作成のための参考資料』(平成22年・国立教育政策研究所)より抜粋

ズームアップ ❶ 小学校社会科の全体像の大まかな把握

4 どのような能力や技能を育てるか

　目標のうちの能力に関するものを把握しておきましょう。次ページの図の上段が学習指導要領で求めている能力や技能[*6]をまとめたものです。あえて分けて整理するとすれば，次の4つになります。

　　○社会的な思考力，判断力　　○言語などによる表現力
　　○観察・調査の技能　　　　　○資料活用の技能

　それぞれの能力や技能を育てる授業づくりについては，**フォーカス3**で詳述しています。社会科に限らず，日本の先生方は「教えることが上手」と言われてきました。その技術や技術向上のための研修（研究授業など）は，諸外国からも高い評価を得ています。一方で，「育てることはまだ途上」とも言われています。育てるものは資質や能力ですが，例えば学習指導要領には思考力等はいったいどのような能力であるのかという規定が明確になされていないこともあり，今後の研究課題です。

　一方，小学校社会科で育てる能力（思考力，判断力，表現力）については，例えば次ページに示した内容を参考にすれば，下表のように整理することができます。

●小学校社会科で育てる思考力，判断力，表現力

	何を	どのように	どんな場面で育てるか
思考力	●社会的事象の相互の関連，特色 ●社会的事象の意味	比較・関連づけ・総合しながら再構成して	●学習問題や予想，学習計画を考える場面 ●調べたことをもとにして社会的事象の意味などを考える場面
判断力[*7]	●社会的事象の価値（大切さ）や課題など ●よりよい社会のあり方，自分たちの社会へのかかわり方など	多面的，総合的にとらえて公正に	●学習したことをもとにして，これからのよりよい社会について考え「〜を大事に」などと決める場面 ●学習したことの中から自分たちが協力できることを選ぶ場面　など
表現力[*8]	●調べたことや考えたこと	●言語などで ●根拠や解釈を示しながら図や文章などで	●ノート，作品などにまとめる場面 ●話し合う，発表する，提案する場面　など

● 小学校社会科で育てる能力や技能

```
┄┄┄┄┄┄┄┄┄┄┄┄┄┄ 求められている能力や技能 ┄┄┄┄┄┄┄┄┄┄┄┄┄┄
```

学習指導要領の「能力に関する目標」から

【育てる能力】
● 地域社会の社会的事象の特色や相互の関連などについて考える力，調べたことや考えたことを表現する力（3・4年）
● 社会的事象の意味を考える力，調べたことや考えたことを表現する力（5・6年）

【育てる技能】
● 観察・調査の技能（3・4年）
　具体的に調査する技能（5・6年）
● 地図や具体的資料を効果的に活用する技能（3・4年），地図や地球儀，統計（5年），年表（6年）などの基礎的資料を効果的に活用する技能

```
┄┄┄┄┄┄ 『学習指導要領解説社会編』にある記述や例示 ┄┄┄┄┄┄ ＊一部簡略化
```

（調べたことを）比較，関連づけ，総合しながら再構成する学習や，考えたことを自分の言葉でまとめ伝え合うことによりお互いの考えを深めていく学習の充実を図る。

・ありのままに観察する。
・数や量に着目して調査する。
・観点に基づいて観察，調査する。
・他の事象と対比しながら観察，調査する。
・諸条件と関係づけて観察，調査する。

社会的事象を多面的，総合的にとらえ，公正に判断することができるようにするとともに，個々の児童に社会的な見方や考え方が養われるようにする。

・資料から必要な情報を的確に読み取る。
・全体的な傾向をとらえる。
・複数の資料を関連づけて読み取る。
・資料の特徴に応じて読み取る。
・必要な資料を収集，選択する。
・資料を整理したり再構成したりする。

根拠や解釈を示しながら図や文章などで表現し説明することができるようにする。

指導計画や授業案をつくる際にどんな場面でどんな能力や技能が必要になるかを想定することが大切

```
┄┄┄┄┄┄┄┄┄┄┄┄┄┄┄ 想定される評価場面 ┄┄┄┄┄┄┄┄┄┄┄┄┄┄┄
```

観点別学習状況の評価の観点

社会的事象への関心・意欲・態度	社会的な思考・判断・表現	観察・資料活用の技能	社会的事象についての知識・理解

評価規準設定の基本形

① 社会的事象（○○）について，学習問題や予想，学習計画を考え表現している。	① （地図や写真，統計資料などの）資料を活用して，社会的事象（○○）について必要な情報を集めて読み取っている。
② 調べたことを比較したり，関連づけたりして，社会的事象（○○）の意味を考えて，適切に表現している。	② 調べたことを（白地図，図表，レポートなどの作品に）整理してまとめている。

『評価方法等の工夫改善のための参考資料』（平成23年・国立教育政策研究所）をもとに作成

＊1 「各学年の目標」は，学習指導要領に(1)～(3)に分けて文章で示されています。9ページの図ではそれを簡略化して書いています。また，理解と態度に関する目標は，「～について理解できるようにし，～としての自覚をもつようにする」などと同一文章の中に書かれています。9ページの図では，それをあえて分けて矢印で表現しています。
＊2 「社会的事象」とは，社会の事物（ものごと）や現象（できごと）を表すときに使う言葉です。
＊3 「概念」とは，一般的には「物事の本質をとらえる思考の形式」とされ，事物の本質的な特徴（内包）とそれらの関連（外延）を内容とします。例えば，「人間とは…」と説明するのが内包，いろいろな人間がいることを説明するのが外延となります。概念は多くの事物に共通する内容を取り出して，偶発的な性質を捨てることから，法則性や一般性を説明するという意味があります。
＊4 「資質」とは，一般的には，「生まれながらの性質や才能」などという意味ですが，学習指導要領上は，育成できるものととらえられています。「確かな理解に基づく態度」が含まれるととらえることもできます。
＊5 「評価規準」とは，教科の目標に照らしてその実現の状況を評価するためのもので，「関心・意欲・態度」「思考・判断・表現」「技能」「知識・理解」といった観点をもとにして，子どもの学習状況を測る「ものさし」のようなものです。子どもの姿で書いて，指導計画上に位置づけることで評価できます。
＊6 「技能」は，広くは能力に含まれるという考え方もあり，社会科においても評価の観点を「資料活用の能力」と規定した時期もあります。学習指導要領の改訂（平成20年）に伴う評価の観点の見直しが国で行われた際に，「知識や技能」とそれらを活用する「思考力，判断力，表現力」を分けてとらえることになり，観察や資料活用は技能に，思考力，判断力，表現力は能力にと整理・棲み分けが行われました。
＊7 「判断力」については，学習指導要領解説にも詳しいことは書かれていません。14ページの表中の記述内容は，態度に関する目標にある「自覚」「愛情」などに向かう判断場面を想定して表現したものです。判断は大きくは思考の中に含まれるというとらえ方もあり，「思考・判断」とセットで表現されることが多いです。「選ぶ」「決める」思考ともいわれます。価値判断や意思決定などと規定する研究もあります。
＊8 「表現力」は，一般的には言語によらない表現も含めますが，「考えたことを言語などで表現する力が日本の子どもたちの課題である」という指摘から，評価の観点において15ページの図（下段）のように整理されました。そのため，社会科において従来から重視されてきた図表やグラフ，白地図などにまとめる表現は，これからも大切に育てていく必要があり，「観察・資料活用の技能」の観点で評価していくことになりました。

第2章

ズームアップ ②

これからの社会科授業改善のフォーカス

[小学校社会]
授業を変える
5つの
フォーカス

[第 2 章]

ズームアップ ❷ これからの社会科 授業改善のフォーカス

1 よりよい社会の形成に参画する資質や能力の基礎とは

　次ページの2つの枠組みは，学習指導要領等に示されている社会科の授業改善のための課題と，社会科の教科目標として示されている「公民的資質（の基礎）」の説明です。ここであらためて，よりよい社会の形成に参画する資質や能力の基礎について考えてみたいと思います。『小学校学習指導要領解説社会編』には，以下の2つが示されています。

　　〇日本人としての自覚をもって国際社会で主体的に生きる
　　〇持続可能な社会の実現を目指す

　視野を世界に広げたり未来につなげたりすることを求めていることがわかります。資質や能力について，「確かな理解に基づく態度」や「思考力などの能力」ととらえることができるならば，

> 　世界や未来に目を向けて，社会的事象の意味の確かな理解に基づいて，社会的事象を自分とのかかわりでとらえて，よりよい社会を考えようとする態度や，社会におけるさまざまな問題，課題を解決するための思考力，判断力，表現力

と表現することもできそうです。もちろん，これは子どもが将来に成長した姿を表しています。子どもが社会科を通して学習する「社会」は，大人の社会であり，いますぐに世界で活躍したり，未来の社会づくりにかかわったりすることはできません。だから，その「基礎」を育てるという意図が「資質や能力の基礎」という表現で表されているのです。

　よりよい社会の形成に参画する資質や能力の基礎は，公民的資質育成の基礎の趣旨をより鮮明に言い表したものと受け止めることができ，これからの授業改善のキーワードとなります。それを養うためには，次ページ上段の課題の一つ一つに目を向けて，授業改善に取り組んでいく必要があります。これらのキーワードは，ばらばらに存在するのではなく，授業改善

を進めるうえでは相互に関連し合う事柄です。本書では、そのことについて、5つの焦点（フォーカス）に分けて提案しています。

●『小学校学習指導要領解説社会編』より

〈社会科の授業改善の課題〉

```
┌─────────────────────────────────┐
│       小学校と中学校の社会科        │
└─────────────────────────────────┘
  ┌───────────────────────────┐
  │   学習指導要領改訂の共通事項   │
  └───────────────────────────┘
    ┌─────────────────────────────────┐
    │ ① 基礎的・基本的な知識，概念や技能の習得 │
    └─────────────────────────────────┘
    ┌─────────────────────────────────────┐
    │ ② 言語活動の充実（思考力，判断力，表現力の育成） │
    └─────────────────────────────────────┘
    ┌─────────────────────────────┐
    │ ③ 新しい課題への対応と社会参画    │
    └─────────────────────────────┘
    ┌─────────────────────────────┐
    │ ④ 社会的な見方や考え方の成長      │
    └─────────────────────────────┘
  ┌───────────────────────────┐
  │       学習評価の改善           │
  └───────────────────────────┘
```

〈小学校社会科の教科目標にある「公民的資質」の説明〉

　「公民的資質」とは，国際社会に生きる平和で民主的な国家・社会の形成者，すなわち市民・国民として行動する上で必要とされる資質を意味している。したがって，公民的資質は，<u>平和で民主的な国家・社会の形成者としての自覚をもち</u>，
・自他の人格を互いに尊重し合うこと
・社会的義務や責任を果たそうとすること
・社会生活の様々な場面で多面的に考えたり，公正に判断したりすること
などの態度や能力であると考えられる。
　こうした公民的資質は，<u>日本人としての自覚をもって国際社会で主体的に生きる</u>とともに，<u>持続可能な社会の実現を目指す</u>など，<u>よりよい社会の形成に参画する資質や能力の基礎</u>をも含むものであると考えられる。

○平和で民主的な国家・社会の形成者としてふさわしい市民・国民を育てるためには，各学年の目標に示されている理解，態度，能力に関する目標を統一的に身に付けるようにすることが重要である。
○児童一人一人に公民的資質の基礎を養うためには，社会科の学習指導において，地域社会や我が国の国土，産業，歴史などに対する理解と愛情を育て，<u>社会的な見方や考え方</u>を養うとともに，<u>問題解決的な学習を一層充実させ</u>，よりよい社会の形成に参画する資質や能力の基礎を培うことを一層重視することが大切である。

＊下線は筆者

ズームアップ ❷ これからの社会科
授業改善のフォーカス

2 これからの社会科 授業改善の5つのフォーカス

　そこで、よりよい社会の形成に参画する資質や能力の基礎を養うための授業改善のフォーカス（焦点）としてまとめたのが次ページの図のフォーカス1〜5です。もちろん基礎ですから、もっとさまざまな事項も考えることができるでしょうし、問題解決のための思考力や判断力と一口に言っても、いろいろな能力の集合体と考えられますから、これが「よりよい社会の形成に参画する資質や能力の基礎」のすべてですと言うわけにはいきません。しかし、社会科に限らず子どもたちにいま求められている学力、19ページにある社会科の授業改善の課題、「公民的資質」の説明などを併せて考えると、図中にある要素が浮かび上がるため、それらを整理する意味で「5つのフォーカス」としました。

　フォーカス1〜4は、どこから始めても他のフォーカスがかかわってきます。例えば、社会的事象の意味を理解するためには、「なぜか」などと考える問題解決的な学習の過程の中で、思考力、判断力、表現力を使う場面が必要になります。また、子どもたちは、学習を通して理解したことをもとに社会的な見方や考え方を身につけ、それを使ってさまざまな社会的事象に目を向けたり、その意味を解釈し理解したりしていくことになります。

　このように考えると、1〜4のフォーカスは、自分の授業改善をどこに目を向けてどこから始めるかという「光のあて方」の違いであることがわかります。本書は「どこから読んでも」「あなたの授業を一歩進める」ことができるように構成してあります。

　フォーカス5は「学習評価」ですから、授業設計全体にかかわります。フォーカス1〜4が、「どのように指導するか」という教師の指導責任であるのに対し、フォーカス5は、「どのような学力が育ったか」という教師の結果責任です。授業改善は、指導責任と結果責任の両方を視野に入れて行うことが大切です。

● よりよい社会の形成に参画する資質や能力の基礎をはぐくむ授業改善の5つのフォーカス

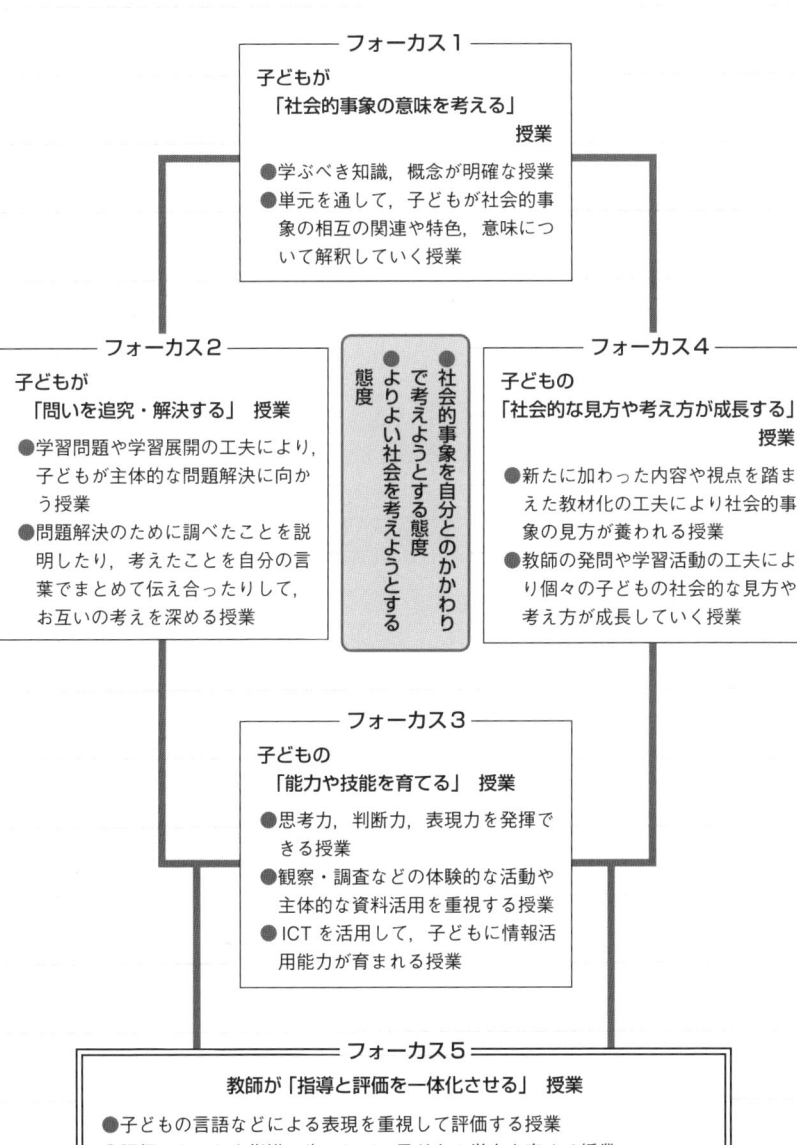

ズームアップ ❷ これからの社会科授業改善のフォーカス

フォーカス❶ 子どもが「社会的事象の意味を考える」授業

(1) 基礎的・基本的な知識や概念を明確にする

　『学習指導要領解説社会編』には、「基礎的・基本的な知識や概念を確実に習得させる」ことの大切さが示されています*1。

　知識と概念を区別したり、知識の階層性や発展性を明確にしたりする研究はさまざま報告されていますので、詳しく学びたい方はそれらを参考にしてください。ここでは、知識を大まかに以下の3つに分けて説明します。

● 小単元「願いを実現する政治」の知識を整理した図

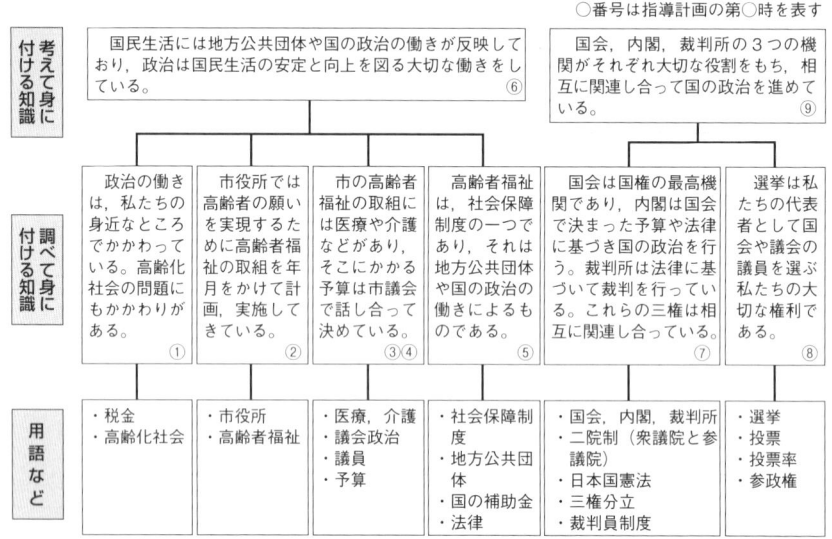

『評価方法等の工夫改善のための参考資料』（平成23年・国立教育政策研究所）より

　上図は、国立教育政策研究所で『評価方法等の工夫改善のための参考資料』を作成する際、観点別学習状況の評価の観点の一つである「社会的事象についての知識・理解」の評価内容を明確にするために作ったものです。

知識には，覚える必要がある用語や固有名詞などの知識から，「○○は〜している，〜である」などと調べてわかる知識，「〜が大切な働きをしている」「相互に関連し合っている」などと，調べたことをもとにして考えてわかる知識まで，幅広いものがあるということを示したものです。社会科の授業ではいろいろな用語が使われているのに，十分に押さえないままに授業が行われているという反省に立って作成したという背景もあります。

　子どもたちの学習は，上段に向かって，具体から抽象へと進むことを踏まえると，「用語など」を基礎的・基本的な知識，「考えて身につける知識」を概念（的な知識）とし，その間にある「調べて身につける知識」を用語などを用いて概念（的な知識）を説明するための知識と整理することもできます。

　このうちの「考えて身につける知識」については，研究会などで先生方の話を聞いていると，もう少し説明が必要だと感じます。「調べて身につける知識」については，毎時間の理解事項と重なり，学習のまとめで資料などをもとにして「○○は〜であることがわかりました」とまとめるイメージで先生方も理解しやすいということですが，「考えて身につける知識」については，抽象度が高すぎる感じがして，どのように迫ったらよいかわからないというのです。

　学習指導要領の内容は，社会的事象の意味について，「〜を考えるようにする」と示しています。これをもとにして書いているのが「考えて身につける知識」です。広い意味では，「調べて身につける知識」に書かれている個々の社会的事象にも意味があるので，「考えて身につける知識（社会的事象の意味）」は，単元あるいは小単元の学習を通して，最終的に身につける知識といってもいいかもしれません。先ほどの先生方の疑問は，抽象度が最も高い段階の知識なので，どのように身につけさせればよいかわからないということでしょう。

　このことを理解するためには，「社会的事象の意味を考えるようにする」とはどういうことかを把握する必要があるので，次ページ以降で説明することにします。

フォーカス❶ 子どもが「社会的事象の意味を考える」授業

(2) 子どもが社会的事象の意味を考えるようにする

　学習指導要領の内容に示されている「〜を考えるようにする」とは，どのような意味をもつ言葉なのでしょうか。なぜ「理解する」と書かれていないのでしょう。

　例えば，第6学年の内容(2)は，次のように書かれています。

　　(2)　我が国の政治の働きについて，<u>次のこと</u>を調査したり資料を活用したりして調べ，<u>国民主権と関連付けて政治は国民生活の安定と向上を図るために大切な働きをしていること（①）</u>，<u>現在の我が国の民主政治は日本国憲法の基本的な考え方に基づいていること（②）</u>を考えるようにする。

　　　　　　　　　　　　　　　　　　　　　　　＊下線および○番号は筆者

そして「次のこと」として以下の2つ（調べる対象）が示されています。

　　ア　国民生活には地方公共団体や国の政治の働きが反映していること。
　　イ　日本国憲法は，国家の理想，天皇の地位，国民としての権利及び義務など国家や国民生活の基本を定めていること。

　順番に読めば，アを調べて①を考えるようにし，イを調べて②を考えるようにすることを求めていることがわかると思います。

　「考えるようにする」とは，独りよがりに考えるのではなく，事実を根拠にして理解にいたるように考えるということです。

　理解とは，言葉を覚えることではなく，言葉のもつ意味を具体的な事実や情報と結びつけて解釈*2し，それを説明できる状態のことです。その具体的な

〈社会的事象の意味を考えるとは〉

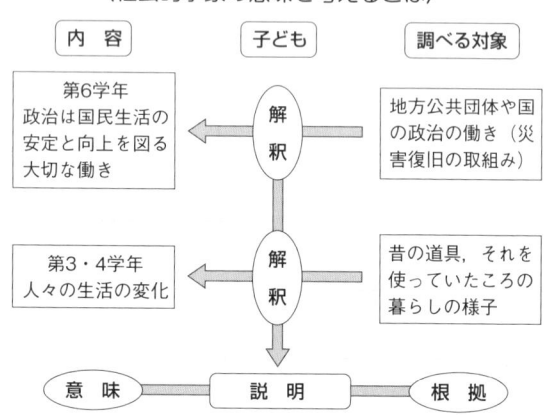

事実や情報が，アヤイについてのものになります。子どもたちは，それらをもとにして，「つまり〜」と解釈しながら「政治による国民生活の安定と向上のための働き」についての理解の道を辿ります。その結果「なぜなら」「例えば」と説明できるようになり，「理解できた」ことが証明されます。

　このように考えなければ，最終的に身につける知識「国民生活の安定と向上」といった抽象度の高い事項についての「理解」は説明できないでしょう。仮に「政治の働きとしての国民生活の安定と向上」を十分に理解できるように教えるとすれば，膨大かつ体系化された情報を教師が説明することになってしまいます。そのため，『小学校学習指導要領解説社会編』には，「調べる対象」について，内容（社会的事象の特色や相互の関連，意味〈以後，「社会的事象の意味」で代表する〉）を考える「手がかり」とすることが書かれています。つまり，限られた具体的事実を手がかりにして，社会的事象の意味を解釈するように構成されているのです。

　前ページの図の下段にある第3学年および第4学年の例で，具体的に説明しましょう。ここでの調べる対象は「古くから残る暮らしにかかわる道具，それらを使っていたころの暮らしの様子」であり，それを手がかりにして，「人々の生活の変化」を考えるように構成されています。

　したがって，「昔の道具には昔の人の知恵が生かされていた」「道具はだんだん便利になってきた」ことを理解して終わるのではなく，そのことによって人々の生活が変化してきたことについて解釈することが求められています。「作業に追われずその場を離れることができるようになり行動範囲が広がった」「家事にかかる時間が短縮されて女性の社会参加が増えた」「一方で，家族みんなで協力する時間が減った」などです。これらのことは，必ずしもすべてがデータに裏づけられたものではないこともあります。

　しかし，子どもには「ずっとついていると，自由時間が少なくなる」「昔は家族で協力していていまとは違う」などと，それまでの学習の中で解釈にいたる筋道*3がつくられており，それが「事実や情報をもとにした解釈」になっているのです。こうした解釈をみんなで伝え合いながら学習をまとめるイメージが「考えて身につける知識」を獲得する授業イメージです。

フォーカス❶ 子どもが「社会的事象の意味を考える」授業

(3) 教材研究を通して社会的事象の意味を解釈する

　大きな意味での教材研究は、教師が学習指導要領の目標や内容を見据えて、教材を通して「調べる対象」をどのように理解させ、どのように「内容」を解釈する道筋をつくるか、といった構想をもつことです。

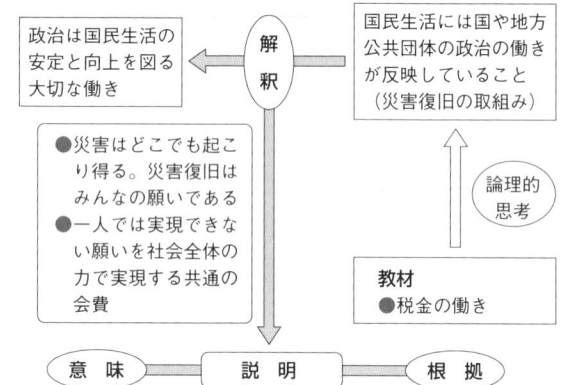

　例えば、第6学年のわが国の政治の働きの学習において「税金の働き」を教材化*4する際には、以下の2つのことを考える必要があります。
① 税金のどのような働き（具体的な使い道など）を子どもに提示するか
② 納税の意味を通して、政治の働きが国民生活を支えていることを子どもにどのように理解させるか

　すなわち、教師の教材解釈です。例えば①「学校などの公共施設の建設や維持に使われている」という働きを提示すれば、②「地域の住民の日常生活を支えている」政治の働きとして理解することになります。

　ただし、上図のケースでは、災害復旧の取組みを事例として選んでいるので、それだけでは子どもの理解の筋道がつながりません。加えて、災害復旧に税金が使われていることを提示することが大切になります。

　また、①「災害復旧のための予算」という働きを提示しても、すぐには②「わたしたちの暮らしを支えている」という理解につながりません。そのための論理的な思考が必要になります。例えば、「なぜ災害の被災地に国民が納めた税金を使う仕組みがあるのか」と問えば、「災害は日本中どこでも起こりうるものである」「被災地の復旧は国民共通の願いである」「税金は、一人では実現できないことをみんなの力で実現する社会全体の会費

のようなもの」などと考えて，国民全体や国の立場から「政治は国民生活の安定と向上を図る大切な働きである」ことの解釈につながっていきます。この問いは，教師が「国民生活の安定と向上を図る政治の働き」（社会的事象の意味）を，「税金の働き」という教材を通して，そのように解釈したから生まれたものです。

右図は，第3・4学年の内容(3)に基づいて，飲料水の確保の教材化の例をまとめたものです。おもな教材として，①ダムや浄水場の働き，②原水連絡管（非常時に水を分け合うために作られた連絡水路），③水道局の人々の水質検査や漏水点検，④地域の人々の節水の取組みを取り上げています。

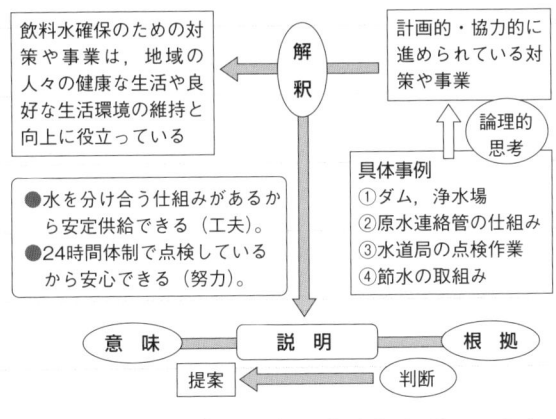

〈社会的事象の意味を考える〉

これらは調べる対象「イ　これらの対策や事業は計画的，協力的に進められていること」を論理的に考えて具体的に理解するように意図されています。①と③が計画的な取組みを，②と④が協力的な取組みを子どもに提示する教材です。例えば「水を分け合う仕組みがあって，わたしたちの生活が水不足で困らないように工夫している」「24時間体制で点検して，安全な水を届けてくれている」「よりおいしい水を研究している」ことなどの理解に基づいて，(3)の内容である「飲料水確保のための対策や事業が，地域の人々の<u>健康</u>な生活や良好な<u>生活環境</u>の<u>維持と向上</u>に役立っていること」を子どもが解釈できるようにしているのです。（＊下線筆者）

また，④地域の節水の取組みの教材化では，そうした解釈にとどまらずに，子どもが実社会に向けて自分なりの協力を考える（判断する）ようにしています。このことにより，社会的事象の意味を自分とのかかわりでより確かに理解できるようにしているのです。

フォーカス❶ 子どもが「社会的事象の意味を考える」授業

(4) 子どもが体験や資料活用でつかんだ具体的な事実を大切にする

　社会科では「体験的な活動やそれに基づく表現活動の一層の充実を図ること」が求められています。例えば，見学・取材などの調査活動です。子どもたちの理解は，自分でつかんだ具体的な事実や情報に支えられているからです。例えば，食品工場を見学して，製造の様子を調べて，機械の動いている様子や人の働く様子を記録して，それらの情報を根拠として「○○工場ではお菓子を流れ作業で作っている」と言葉でまとめるとします。この「お菓子を流れ作業で作っている」という理解は，子どもがつかんださまざまな事実や情報に裏づけられたものです。原料から製品へと順序よく作られるという事実，機械と機械がつながり自動で進んでいくという事実，働く人が適宜配置され役割分担しているという事実など，子どもによって着眼点がさまざまなのです。それらの事実を表現し伝え合うことで「流れ作業」という言葉が共通理解されていくことになります。

　いろいろな条件から，見学や調査などの体験活動ができない場合でも，資料からつかんだ具体的な事実を大切にすることはできます。理解とは，言葉を覚えることではなく，言葉のもつ意味を具体的な事実や情報と結びつけて説明できること，ということは先に述べたとおりです。

　とくに授業の中でよく使われる「安心」「連携」「工夫」などの，いわゆる「共通の言葉」の意味を確かし合いながら授業を進めることが大切です。なぜなら，それらの「共通の言葉」は，子どもたちがもつ具体的な事実や情報を根拠として，「考えて導き出された言葉」だからです。その言葉は，常に具体的な事実や情報を裏づけとしており，違う事実や情報が見つかれば，変化する可能性があるものです。

　「地域の果物作りの仕事」の授業がありました。子どもたちは，果物作りの様子を見学して調べたことを「工夫①」「工夫②」「工夫③」と発表していきました。その内容に対して，実際に果物作りに携わるAさんが，授業を参観してコメントを述べました。その中に「実は虫との戦いがいちばん大変で一日中気にしている。何度も網を見るし，包み紙まではがすこと

もある」といった話がありました。すると子どもから，「じゃあ工夫ではなくて，苦労じゃないかな」という意見が出されました。理由は「一日中とか何度もというのは大変なことだから」と言うのです。その後，子どもたちは，それまで調べた「工夫」の中から「苦労」に入れたほうがよいものを話し合いました。こうした事例からは，子どもが自分でつかんだ事実や情報を根拠にして辿り着いた理解が，確かな理解であることを学ぶことができます。

●子どもが「工夫」という言葉を使うようになるまでの流れ（授業例から）

「なぜ○○スーパーマーケットに，多くの人が買い物に行くのかなあ」

「お店の様子や働く人の様子を調べればわかるかもしれない」

「品物の種類や量がすごく多くてきれいに並べてあったわ。値段も安いみたいだし」

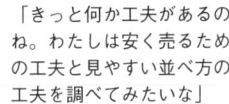

「でもどうすれば安く売ることができるのかな。それにどんな並べ方をすればお客さんが買いやすいのかな」

「きっと何か工夫があるのね。わたしは安く売るための工夫と見やすい並べ方の工夫を調べてみたいな」

「タイムサービスでさらに安くしているのか。何か秘密がありそうね。店長さんに聞いてみようかな」

　上図は，実際の授業をもとに子どもの反応（表現）の中から「工夫」という言葉が出てくるまでの流れを整理したものです。「工夫」は始めから子どもの中にある言葉ではないことがわかります。始めにもった疑問を調べたり予想したりする中から生まれてくる言葉です。そして一つ一つの工夫にはそれぞれ目的があります。ですから，共通に「工夫」という言葉を使っていても，その内容や目的は子どもによってさまざまです。ちなみに「秘密」という言葉は，見学しても資料で調べてもなかなかわからないことを，本人（担当者など）に聞いて調べるときなどに，子どもたちが自然に使う言葉のようです。

フォーカス❶ 子どもが「社会的事象の意味を考える」授業
(5) 子どもが学習内容の全体像をとらえるように工夫する

　社会科の授業では，1時間ごとの理解事項に終わり，何について続けて学んでいるのかを子どもが自覚しづらいことがあります。社会科の単元(小単元)の中には，多くの時間数を要し，子どもから全体像が見えにくいものがあるからです。

●第4学年「わたしたちの県の特色を考えるようにする」

〈学習が進むにつれて「県の特色」(全体像)がわかってくるようにする例〉
～第4学年「わたしたちの○○県の様子」で地図を使った例～

```
          県の特色を考えるようにする

   考える       子ども       小単元

  ○○県の特色は           日本における県の
                         位置，47都道府県
           解
           釈
   説明  ←              県全体の地形，産
                         業，交通網，都市

・日本全体の中では西の端の方。
・県の中心部に交通網が集まっ    県内の特色ある地
  ている。                 域の人々の生活
・自然環境を守り生かしている地
  域がある。
・外国と姉妹都市を結ぶ都市がた   国内の他地域や外
  くさんある。              国とのかかわり
              など
```

●学習したことを学級の大きな白地図に書き込んでいく。
●ノートには，特色1，特色2などと小単元ごとにまとめを書いていく。
●学習の終わりに，これまでの学習を振り返って，「○○県の特色は」などとレポートにまとめる。

　例えば上図は，第4学年の単元「わたしたちの県の様子」についての学習です。学習指導要領の内容には「～県の特色を考えるようにする」とあり，いくつかの小単元は，みなここに向かいます。しかし，小単元や本時をバラバラにとらえ，授業の方向を教師自身が見失ってしまうこともあります。それでは，子どもが学習の連続性を自覚できません。

　学習問題をカード化して毎時間，黒板に貼付して授業を進めるといった方法のほかに，白地図や年表，関係図などに整理しながら学習を展開していくことを大切にしたいものです。「学習が進めば進むほど社会的事象の様子がよく見えてくる」こんな学習が子どもにとっての理想です。

このことは，時間数のさほど多くない単元においても同様です。先述の「○○スーパーマーケット」の授業では，小単元の終末に「こんなに便利な○○スーパーマーケットがあるのに，なぜ地域には，それ以外にいろいろなお店があるのだろう」と問いかけ，小単元の始めに調べてまとめた「地域の販売店の位置がついた白地図」をあらためて見ながら考えさせました。授業者は，「○○スーパーマーケットの工夫」調べで終わり，「○○スーパーマーケットが自分たちの生活を支えている」という理解では不十分であると考えたのです。確かにこの内容は「地域の人々の販売」に関する内容であり，「さまざまな販売活動によって自分たちの生活は成り立っていること」を地域全体を見て考える活動が必要です。そこで，スーパーマーケットの事例で学んだ「消費者ニーズ」にも実はさまざまなものがあり，それらに幅広く対応するように，スーパーマーケット以外にも，コンビニエンスストアや個人商店（専門店）など，いろいろなお店があることを子どもに考えさせるようにしたのです。そのことを通して，「地域社会の一員としての自覚をもつようにする」という学年の目標の実現にも迫ることができます。
　「地域に受け継がれている祭り」を調べる授業では，年表にお祭りが始まったころの様子，受け継がれてきた様子，変わってきた様子が整理されていました。子どもたちは，年表を見ながら「なぜ続いてきたのか」を話し合い，「地域の人が楽しみにして喜んで参加していたから」「受け継ぐ人たちのがんばりがあったから」「御神輿の大きさや形をその時代に合うように変えてきたから」などと，考えを発表しました。その後，教師から「これからも続いていくのだろうか」という問いかけがありました。子どもたちは，また年表を見ながら，「続いてほしい」「続けていくには何が必要か」などと，これまでの学習を振り返りながら未来を考え，自分たちのかかわり方を考えていました。
　社会科は，事例の理解にとどまらずに，学習内容の全体像が子どもに見えるようにすることで「事例を通して社会的事象の意味を考える」授業が実現します。

実践事例から学ぶ

事例1 「子どもが『社会的事象の意味を考える』授業」の事例

1．小単元名 第4学年「わたしたちの暮らしを支える水」（全14時間）

2．小単元の目標 ポイント①

飲料水を確保するための対策や事業が計画的，協力的に進められていることを調べて，それらがわたしたちの健康な生活やまちのよい生活環境を守ったりよりよくしたりすることに役立っていることを考えるようにする。

3．小単元の評価規準 ポイント②

社会的事象への関心・意欲・態度	① 飲料水の使用状況や飲料水確保のための対策・事業に関心をもち意欲的に調べている。 ② 飲料水の確保や節水について，自分たちにできることで協力しようとしている。
社会的な思考・判断・表現	① 飲料水の確保について，学習問題や予想，学習計画を考え表現している。 ② わたしたちの健康な生活やよい生活環境の維持と向上を関連づけて，飲料水の確保のための人々の工夫や努力の意味を考え説明している。
観察・資料活用の技能	① 見学活動や資料活用を通して，飲料水の確保のための関係者の仕事について情報を集めて読み取っている。 ② 調べたことを地図を生かした作品にまとめている。
社会的事象についての知識・理解	① 飲料水の確保のための対策や事業が計画的，協力的に進められていることを具体的に理解している。 ② 飲料水の確保のための対策や事業は，自分たちの健康やまちのよい環境を守ったりよりよくしたりしていることを具体的に理解している。

4．教材の構造 ポイント③

〈解釈すること〉

飲料水確保のための対策や事業は，地域の人々の健康な生活やよい生活環境を守ったりよりよくしたりすることに役立っていること

〈調べてわかること〉

（つながり・かかわり）

飲料水の確保と自分たちの生活や産業とは深いかかわりがあること

（人々の働き）

飲料水確保のための対策や事業は，計画的，協力的に進められていること

〈具体的な事実〉

- 生活の中で水を使う場面や量
- 水を使う産業と自分たちの生活とのかかわり
- 渇水が発生した事実とそのときの状況
- 水源からわたしたちの家の蛇口までのつながり
- ダムや浄水場で働く人々の仕事
- 水源林を保護する人々の努力
- 原水連絡管の仕組みと働き
- 点検作業（漏水など）
- 水道局の人々の取組み（行政，会社，学校）
- 地域の人々の節水の取組み

>>> ポイント① 目標の設定

　目標の設定はとても大切な作業です。学習指導要領に示されている内容（〜について〜を考えるようにする）や調べる対象（次のことを調べて〜：ア，イ…）をしっかり把握しましょう。事例の場合，学習指導要領の「地域の人々の健康な生活や良好な生活環境の維持と向上」という難易度の高い文言を，「わたしたちの健康な生活やよい生活環境を守ったりよりよくしたり」と置き換えています。教材研究は，ここから始まっています。教材を通して子どもがそのことをどのような言葉で考えたり理解したりするかを，子どもの目線で考えてみましょう。もちろん学習指導要領の趣旨を変えてしまっては困りますが，学習指導要領の内容等を写すだけで，その解釈をしないと，子どもに「何を」考えさせるようにするかが不明確になってしまいます。

>>> ポイント② 評価規準の設定

　観点別の評価規準の設定を通して，どのような学力を育てるかを考えます。これにより，大まかな学習展開（学習活動のつながり）が見えてきます。事例では，「思考・判断・表現」の観点で「〜関連づけて…工夫や努力の意味を考え…」とし，「知識・理解」の観点で「守ったりよりよくしたりしていることを具体的に…」としています。前者は，理解にいたるための思考の過程を評価し，後者は具体的な事実を基に最終的に理解したことを評価しようとしています。このようにどのような学習場面で子どもの学力を評価し高めていくかを観点ごとに明確にすることが大切です。

>>> ポイント③ 教材化の研究

　事例では，学習指導要領に示されている調べる対象「ア　飲料水の確保…と自分たちの生活や産業とのかかわり」と「イ　これらの対策や事業は計画的，協力的に進められていること」を踏まえて，前者を「つながり・かかわり」，後者を「人々の働き」ととらえています。それらを子どもに具体的に伝える教材や資料を組織しています。何をもとに何を理解すればよいのか，理解したことをもとにどう解釈したらよいのかという全体像が見えるようにするとよいです。構造図に定型やきまりはありませんが，あまり複雑にしないで大きな構造をとらえるようにすることが大切です。細かな事柄は指導計画に書けばよいのです。

5．学習展開 （○番号は「第○時」を表す）

	おもな学習活動・内容	・指導上の留意点，【評価規準】
つかむ	①毎日の生活の中で水を使う場面や量を知る。 ・使う時間と場面を話し合う。　**ポイント①** ・家庭の平均使用量，プールの使用量を知らせる。 ②いろいろな産業と水の関係を考える。 ・農家，工場で使う水，観光地などで使う水など 　　　水がなくなることはあるのだろうか ③渇水が発生した過去の事実を知る。 ・なぜ発生したのか	・トイレ1回分の水の量など，具体的な基準を示すようにする。 ・地域の生産活動の学習を想起したり，知っていることを発言したりするよう助言する。 【関一①】 ・飲料水確保の重要性に気づくようにし，その対策や事業に対する問いを引き出すようにする。 【思一①】
調べる	④⑤飲料水が人々まで届く仕組みを地図上にまとめる。 ・水の循環の仕組み ・ダム，川，浄水場，水道管と大まかにつながりを予想して，学習計画を立てる。 　　　　**ポイント②** 　　飲料水をつくり送る過程には，それぞれのような工夫，努力があるのだろう ⑥⑦水源林を守る人，ダムを管理する人の様子を調べる。 ・ダムの仕組みと働き，設置場所など ⑧〜⑪浄水場を見学し，飲料水をつくり出す仕組みやそのための仕事を調べる。 ・水質検査の仕事，中央管理室の様子 ⑫水道局の夜間漏水点検の様子，原水連絡管の仕組み，おいしい水をつくろうとする研究の様子を調べる。	・全体像を概観させ，多くの施設や人々がかかわっていることに気づくようにする。 【関一①】【技一①】 ・どのような人々がどのように働いているかを予想して，学習計画を立てるように展開する。 【思一①】 ・調べて「わかったこと」と「振り返り」に分けて，学習カードに毎時間記入していくようにする。 【知一①】 ・水道局のパンフレットなどを活用するように助言する。 【技一①】【知一①】
まとめる	なぜこのような工夫や努力が必要なのだろう 　　　　　　　　　　**ポイント③** ⑬調べてきたことを地図上にまとめて学習を振り返る。 ・わたしたちの健康やよい環境が守られ，よりよくなっていることを例をあげて話し合う。 ⑭水道局からの節水の呼びかけ，会社や学校の節水の取組みを調べて，自分たちに協力できることを話し合う。	・地図上に整理した情報を基に，小単元の目標に迫るようにする。 【思一②】 ・結論を自分の言葉でまとめ，具体的に説明できるようにする。 【知一②】【技一②】 ・なぜ節水が必要なのかをあらためて考えさせたうえで，自分たちで協力できることを発言させる。 【関一②】

>>> **ポイント①　具体的な事実から問いへ**

　子どもが考えるようになるのは，具体的な事実が見えてからです。事例では，水の必要性を生活のさまざまな場面から具体的な事実を通して実感させることをねらっています。社会科で学ぶ内容は，いつもすべてが新しいことではなく，子どもがもっている知識やすでに学習した内容とつながっていることがたくさんあります。知っていることを自由に発言させる場面は，子どもの意欲や主体性をはぐくむだけでなく，具体的な事柄から抽象的な思考へ向かう道筋の中でとても大事な役割を担います。

>>> **ポイント②　学習問題の設定**

　指導計画を見ると，学習問題が3つあるように見えます。しかし，本小単元の中心となる学習問題は，「飲料水をつくり送る過程には，それぞれどのような工夫，努力があるのだろう」です。そのあとの調べ活動を支える問題です。事例では，この学習問題が第6時と小単元の学習がかなり進んでから設定されている点が特徴です。しかし，それまで何も問いがなかったわけではありません。「水がなくなることはあるのだろうか」は，学習問題につながる子どもの疑問を高める教師の意図的な問いで，第3時の学習課題になっています。また，「なぜこのような工夫や努力が必要なのだろう」は振り返って意味を考えさせる問いで，第13時の学習課題になっています。このように学習問題は，子どもが事実を集めて，そこから社会的事象の意味を考えるようにする展開のための「しかけ」と柔軟な発想で考えるとよいです。

>>> **ポイント③　全体像を把握して振り返る**

　事例では，学習してきたことをノートにまとめて，それをさらに地図上に整理しています。こうすることで，子どもは，飲料水確保のための対策や事業の相互のつながりや，それらと自分たちの生活とのつながりが目に見える形でとらえることができます。「なぜこのような工夫や努力が必要なのだろう」という問いは，「飲料水の確保のための対策や事業は自分たちの健康やまちのよい環境を守ったりよりよくしたりしていること」を具体的に説明させるための問いで，説明できれば理解したことの証明になります。ここで大切なことは，学習した事実を使って，地図上にまとめた作品を指しながら説明できるようにすることです。子どもが事実を根拠にして「社会的事象に意味を考える」大切な場面です。

6．学習の実際

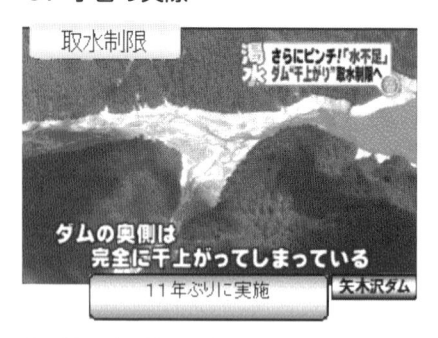

① 第3時に使った資料

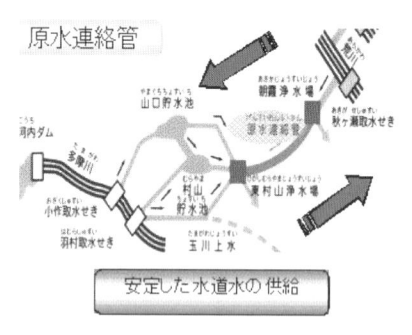

② 第12時に使った資料

③ カードに水が届くまでの順序を予想し学習計画を立てる（第5時）

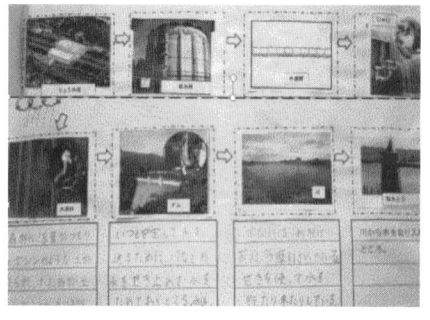

④ 調べたこと，わかったことをカードに整理していく（第6～12時）

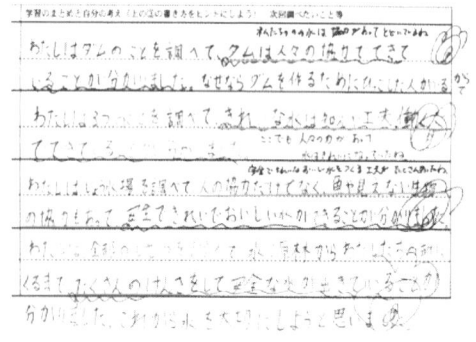

⑤ 子どもの振り返りカード（第6時～連続）

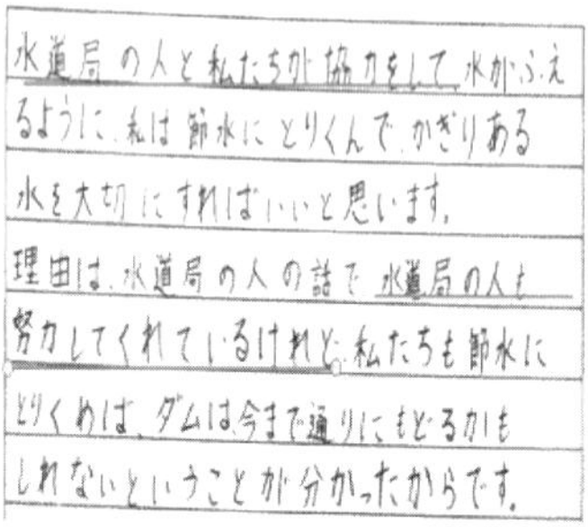

⑥ 第14時の振り返り

》》》 ポイント① 資料の効果的な活用

　教材化とは，学習内容が子どもに見えるようにすることです。その具体的な手立ての一つが資料化です。①は，第3時に「水がなくなることはほんとうにあるのか」を考えさせるための資料で，子どもの視覚にうったえて真剣に考えさせるようにしています。また②は，緊急時に2つの水系が水を分け合うように意図されている原水連絡管の仕組図です。なぜこのような仕組みを作ったのかと考えることにより，「協力的」な事業であることを具体的に説明できるようにしています。このように子どもが考えるようにするには，資料が大切な役割を果たします。

》》》 ポイント② 予想や学習計画の重視

　子どもが社会的事象の意味などを考えるためには，社会的事象を構成する具体的な事実の理解が必要になります。それは，子どもが自ら獲得した情報を積み重ねて論理的に考えた結果の理解です。③は，まず教科書の資料や知っていることから水が届くまでの大まかな流れを予想して，みんなで妥当なものを話し合います。この活動によって，調べていく順序（学習計画）を考えることができます。④は，学習計画に沿って調べたことを整理しているカードです。調べた順に書き込んでいきます。予想したことを確かめたり，予想と違ったことに気づいたりすることが，社会的事象の意味などを考えるうえで大切になります。

》》》 ポイント③ 具体的な事実から考える

　⑤は子どもの振り返りカードです。その内容を見てみると，この子どもは「人の協力」から「人だけでなく魚や見えない生物の協力」へと環境の視点に目を向けたり，「きれいな水」から「検査による安全な水」へと飲料水の確保をする人々の努力点に気づいたりしていることがわかります。「地域の人々の健康な生活やよい生活環境を守ったりよりよくしたりすることに役立っている」という社会的事象の意味は，一足飛びにそこに迫れるわけではありません。この子どものように「生物」「安全」といった自分の言葉を使って考えるようにすることが大切です。⑥では，水を有限性のある資源としてとらえていることがわかります。「確保」の意味を考える大切な視点に気づいています。

*本事例は東京都練馬区立豊玉北小学校の渡瀬政江教諭の実践をもとに筆者が本書の意図に沿って加筆・修正したものです。

ズームアップ ❷ これからの社会科 授業改善のフォーカス

フォーカス ❷ 子どもが「問いを追究・解決する」授業

(1) 問題解決的な学習のイメージをもつ

　社会科の学習原理は，子どもが自ら問題をもち自ら解決していく問題解決的な学習です。その理由をいくつかあげると，
・子どもが自ら知識を獲得したり考える力を高めたりしていく「主体的な学習」が重要であること
・問いと答え（まとめ）の関係で理解を進めていくことが，子どもにとっての確かな理解になること
・問題解決能力は子どもにとって将来にわたって，実社会で生きて働く力になること
などです。
　また，平成19年6月に学校教育法が改正されて，第30条2項に

> ～生涯にわたり学習する基盤が培われるよう，基礎的な知識及び技能を習得させるとともに，これらを活用して課題を解決するために必要な思考力，判断力，表現力その他の能力をはぐくみ，主体的に学習に取り組む態度を養うことに，特に意を用いなければならない。

と規定され，「知識・技能」と「思考力，判断力，表現力等」をつなぐキーワードが「課題解決」であると示されたことは大きなことです。
　問題解決的な学習の一般的な流れを示したのが次ページの図です。これは多くの事例に見られるものの最大公約数をまとめたにすぎず，展開の仕方はいろいろ考えられると思います。1時間ごとの授業の中にも問題解決の過程があり，それも同様にさまざまな展開が考えられます。
　現在，「つかむ→調べる→まとめる」という学習過程や，「調べる→考える→表現してまとめる」という学習活動の流れが形骸化していたり，学習

問題が子どもの疑問や問いに基づくものになっていなかったりするため，子どもが主体的に調べて真剣に考える問題解決的な学習が成立していないという指摘があります。この点について次ページ以降で改善策を示します。

●問題解決的な学習の全体イメージ

過程	学習展開	＊単元・小単元の一般的な学習展開を簡潔な言葉で表現したもの
つかむ	社会的事象と出合う	●社会科で学ぶ対象は，大人の社会のものごとやできごとで，子どもにとって始めから身近でない場合が多い。始めの出合いは「子どもの生活に身近な事象を具体的な資料で」と考えるとよい。
つかむ	学習問題を見いだす	●出合いによってその社会的事象の様子に対し，「なぜだろう」「どのようになっているのだろう」などの疑問が生まれるようにする。 ●その疑問を大切にしながら，みんなで調べていくことを決める。これが学習問題となる。
つかむ	予想や学習計画を考える	●学習問題を追究・解決するためには，「何を」「どのように調べていけばよいか」を考える必要がある。これが，予想や学習計画である。子どもたちのもつ知識や経験，教師が提供した資料などをもとにした，主体的学習のスタートの大事な場面になる。
調べる	予想や学習計画に基づいて追究する	●見学や調査，資料活用などを通して，子どもが主体的に学習問題の追究・解決に向かう過程である。 ●調べたことを伝え合って，学習のまとめに向けてさらに深く広く調べたり，意見交換を行ったりする場面を設定することもある。

＊単元・小単元の学習問題を教師が準備する際，この調べる活動に対応したものを考えることが多い。

過程	学習展開	
まとめる	調べてわかったことや考えたことをまとめる	●学習問題を振り返って「どのようなことがわかったか」を話し合ってまとめたり，学習内容を振り返って「自分なりに考えたこと」をまとめたりする。

＊この段階にとどまらずに，さらに問題解決的な学習を充実させるための研究が行われている。例えば，以下の例である。

新たな問題を見いだす	学習成果を他者に伝える	別の事象にあてはめる 別の視点で考える
●「〜であるのになぜ」「これからは〜」「だれがどうすれば〜」などと，現実の課題や未来に向けて問い直すことにより，理解を深めたり社会的事象への関心を高めたりする効果がある。	●学校外の人々に知らせるために学習したことを整理することにより，学習したことの価値を見いだしたり，社会的事象への関心を高めたりする効果がある。	●学習したことをほかの事象にあてはめたりほかの視点からとらえ直すことにより，理解を深めたり社会的な見方や考え方を養ったりする効果がある。

フォーカス❷ 子どもが「問いを追究・解決する」授業

(2) 学習問題や発問を明確にする

子どもが考えるようにするためには，学習問題*⁵や日々の授業の中での教師の発問が大きな役割を果たします。例えば，右図は学習問題や発問で使われる「疑問形」を分類したもの

●学習問題や発問の類型

・何が〜	事実を調べる
・どのように(な)〜	特色を考える
・なぜ〜	意味や意義を考える 原因を考える
・どうすれば〜 　(どっちが〜)	自分の考え方をまとめる 方策や参画を考える

です。他にもあると思いますが，これらは授業で多く使われるものです。整理すると，子どもたちが事実を調べないうちに「なぜ〜」「どうすれば」と問いかけてもむずかしいこと，「何か気づくことはないですか」と繰り返しても，特色や意味を考える授業にならないことなどがわかります。

学習問題や発問を明確にすることは，「何を調べ，何を考えるようにするか」を明確にすることです。社会科は内容が示されている教科であり，「何を」が大事です。例えば，「○○スーパーマーケットの販売の工夫を考える」とは，○○スーパーマーケットのお店の様子や働く人の仕事の様子を調べ，消費者ニーズと関連づけることにより，消費者ニーズを踏まえるという販売活動の意味を「工夫」として考えることです。

「なぜ歩道橋の下に横断歩道ができたのか」という学習問題の授業がありました。地域の高齢化という課題に対応した安全確保の取組みを調べて，「法やきまりは始めから固定的なものではなく，状況の変化に対応して人々の住みよい暮らしを実現する」という「法やきまりの意味」を考えさせようとする意図でした。単元の後半に「ではなぜ伝統のあるお茶屋さんがペットボトル販売を始めたのか」と問いかける授業もありました。ここには，新しい取組みに伝統の技を生かしていることを調べ「伝統を守り受けつぐとともに，社会の変化に対応して生かし広めることを重視する」という，「生産活動の工夫」の意味を考えさせようとする授業者の意図がありました。

「どちら(どれ)が大切か」という学習問題や発問では，「大切にすべきことがいくつもあること」を調べて，「いまの自分たちはどう判断すべき

か」「どう優先順位をつけたらよいか」を，社会の一員として考えるようにする意図をもつと効果的です。「今後どうすればよいか」という学習問題や発問では，「さまざまな人々が改善努力をしていること」を調べて，「自分にもできること」や「みんなで力を合わせれば可能性があること」を考えさせるようにすると効果的です。いずれも，社会の様子を調べて事実に基づいて考えるようにする学習問題や発問としてとらえるとよいでしょう。

では，単元・小単元[*6]の学習問題としてはどのようなものがよいのでしょう。その答えは，「子どもの疑問を大切にし，その後の学習活動に対応したもの」であると思います。右図は，問いかけにはさまざまな意図が込められていることを表したものです。例えば，①「なぜこの地域に生産量が多いのか」→②「きっと土地利用や作業に工夫があるのでは」→③「ではどのように作っているのだろう」という流れを想定する場合，どれを学習問題としたらよいでしょうか。子どもの疑問，予想を大切にし，その後の調べ活動を意図すれば，これらを融合して「〜地域はどのように工夫して作ることで○○の生産量を増やしているのだろう」などが考えられます。発問はその学習問題へと導く大切な役割を果たします。

●問いかけに込められる意図の例

なぜ○○が多いのか（仕事に工夫があるのでは？）
　問題や予想，調べる計画を考える
どのように〜しているのか（どのような特色が？）
　情報を集め，特色を考える
〜なのになぜ△△をするのか
（□□のための工夫では？）
　情報を比較・関連づけ，意味を考える
どうすれば□□はもっと〜となるか
　調べたことをもとに自分の主張を考える
（価値等を判断する）

右図は，単元・小単元の後半に見られる「新たな問いを見いだす」場面の学習問題や発問の例です。一度理解したことを揺さぶられて，子どもがここから本気で考えるといった例も多く見られます。確かな理解や関心・態度につながるものがありそうです。

●新たな問いを見いだす展開の例

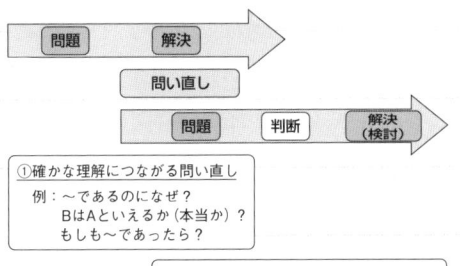

問題 → 解決
問い直し
問題 → 判断 → 解決（検討）

①確かな理解につながる問い直し
　例：〜であるのになぜ？
　　　BはAといえるか（本当か）？
　　　もしも〜であったら？

②関心や態度につながる問い直し
　例：どちら（どれ）がよい解決か？
　　　このままでよいか？
　　　これからわたしたちはどうすれば？

フォーカス❷ 子どもが「問いを追究・解決する」授業

(3) 子どもの「なぜ」を大切にする

(2)では，教師の問いかけについて述べましたが，子どもの側からとらえれば「なぜ（どうして）」（以後「なぜ」で代表する）が大切です。考えるということのスタートには疑問が不可欠であり，その代表が「なぜ」であるといってもいいでしょう。どのような学習問題も子どもの「なぜ」に支えられています。例えば，「なぜたくさんの人が買いに行くのか」という疑問が「○○スーパーマーケットではどのような工夫をしているのだろう」という学習問題につながります。「なぜこんなに立派なレタスが作れるのか」という疑問から「○○さんのレタス作りの秘密を探ろう」となります。いずれも子どもの「調べたい」という意欲を高める背景には「なぜ」が存在しているのです。ただし，子どもの「なぜ」をそのまま置き換えても学習問題になるわけではありません。学習問題として設定するには前ページに書いた教師の意図的な導きが必要です。

「なぜ」は，調べていくにつれて質が高まることが多いという特徴があります。スーパーマーケットの販売の仕方について「なぜこのような工夫をしているのか」と考えると，「消費者の願いを踏まえているから」とわかります。販売する側の工

●「なぜ」疑問の質の高まりイメージ

- ●形態・分布など現状の背景を問う
  ～なぜここに集まっているか
  ～なぜこんなに多いのか
- ●事象間の結びつきを問う
  AするとなぜBになるのか
  なぜAのためにBが必要なのか
- ●事象や事象間の矛盾を問う
  ～しているのになぜ～か
  Aは～であるのにBはなぜ～か
- ●あるべき姿を主張する
  なぜ～できないのか　　など

夫と消費する側の工夫を結びつけて考える学習です。しかし，結びつかない工夫もあります。「～98円」などとして購買意欲を刺激する工夫や，トレーや牛乳パックの回収などをして環境配慮や地域貢献を志向する工夫などもあるからです。ここで生まれる「なぜ」は，販売業の特質を考えたり，地域社会に根ざした販売活動の意味を考えたりすることにつながる高まった「なぜ」であるともいえます。

このように考えると,「〜であるのになぜ〜」「では,なぜ〜」などと,理解したと思っている子どもたちに,揺さぶりをかけて考えさせることの有効性が見えてきます。例えば,消防署や警察署などの働きを調べて,「わたしたちのまちを24時間体制で守っている。おかげでわたしたちは安全です」と学習のまとめや取材へのお礼文を書く授業があります。確かに火災が発生したり事故が起こったりした際には,消防士や警察官が駆けつけて速やかに対処します。24時間体制で地域の人々の安全を守っています。しかし,それにもかかわらず火災や事故はなくなりません。その現実に対し,「おかげでわたしたちは安全です」という理解でよいのでしょうか。例えば,「ではなぜ事故がなくならないのかな」などと揺さぶってみてはどうでしょうか。火事や事故を「防ぐ」には,関係機関の働きだけでは限界があります。関係機関は発生時の対処を重点的に担っているといえます。「防ぐ」には,地域住民一人一人の心がけや協力が必要です。自分の安全は自分で守る前提があります。防災に関する「公助」「共助」「自助」の考え方です。

　防災情報ネットワークの仕組みや働きを調べた後,地域住民の参加率が低いというデータを示した授業がありました。子どもたちは,「こんなによく考えられている仕組みなのになぜ」「利用すれば命が助かるのになぜ」と現実的な課題に向けて「なぜ」の質を高めました。「端末を各家庭に配る」「もっと宣伝をする」などと行政がやるべきことと,そのむずかしさなどを考える中から,「ネットワークは自分たちでも作るべき」「ネットワークは人と人が作る。情報は直接伝えて補い合う」などの発言が生まれました。最後は,「災害情報システムは,もっと宣伝をして参加者を増やして強いネットワークにする必要がある。でも,わたしたちも地域の情報のネットワークを支える一員になることが必要」と学習をみんなでまとめました。この「なぜ」は「自分たちはどうすればいいか」といった「判断」につながる疑問であったことがわかります。

　大事な場面での教師の揺さぶりの問いかけは,子ども自身が「なぜ」の質を高めていく力を支援します。

フォーカス❷ 子どもが「問いを追究・解決する」授業

(4) 子どもが自分なりの予想をもつようにする

　学習問題について予想する場面は，子ども一人一人がもっている知識や経験を生かした主体的な学習のスタートといえる大切な場面です。同時に，学級全体の学習問題を具体化して，自分が「調べるべき事柄」を明確にすることから学習計画につながる場面でもあります。

　単元（小単元）の時間数にもよりますが，できるかぎり子どもが自分なりの予想をもってから調べる活動に入るよう心がけることが大切です。

　「船が通れなかった曲がりくねって険しい○○川になぜ船が通れるようになったのだろう」という学習問題を設定した授業がありました。子どもたちは，①「自然の働きではないか」，②「人々が工事をしたのではないか」，③「特別な船を工夫して作ったのではないか」と予想しました。

　①は自然事象，②③は社会的事象（人間の働き）を予想しています。その後，教師が提示した資料で，自然事象ではなさそうだと予想を絞ります。中には，④「荷物など何かを運ぶ必要があったのではないか」と予想する子どももいました。これは，人間の働きの社会における意味（役割，影響など）を予想するもので，とても高度な予想です。

　子どもたちは，これらの予想をもとに「船を通すためにだれがどんな作業をしたのだろう」「どんな船を作ったのだろう」「何のために船を通したのだろう」という自分なりの問題（問い）を明確にし，調べ始めました。予想には，学習問題と学習計画を結びつける大切な役割があり，それは子どもが「自分で調べる」「真剣に考える」ための重要な手立てにもなるということがわかります。

　また，当然のことですが，予想を大切にする授業を積み重ねることによって，子どもの予想する力がついてきます。次ページの図は，子どもの疑問→学習問題→予想→学習計画の流れを授業のイメージでまとめたものです。子どもの考えは，その子の中でつながっていることを表しています。根拠を明確にした予想を「類推」，結果を見通した予想を「仮説」などとした研究もあります。このつながりを子どもが自覚できるようにすること

が，思考力を育てるうえでも大切です。

● 「学習問題や予想，学習計画を考え表現する」とは

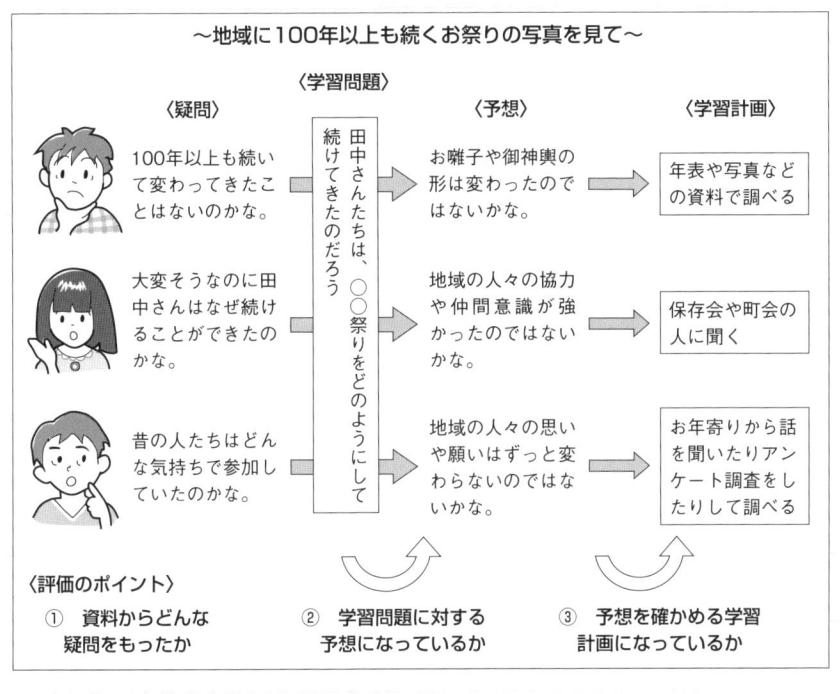

~地域に100年以上も続くお祭りの写真を見て~

〈学習問題〉
田中さんたちは、○○祭りをどのようにして続けてきたのだろう

〈疑問〉	〈予想〉	〈学習計画〉
100年以上も続いて変わってきたことはないのかな。	お囃子や御神輿の形は変わったのではないかな。	年表や写真などの資料で調べる
大変そうなのに田中さんはなぜ続けることができたのかな。	地域の人々の協力や仲間意識が強かったのではないかな。	保存会や町会の人に聞く
昔の人たちはどんな気持ちで参加していたのかな。	地域の人々の思いや願いはずっと変わらないのではないかな。	お年寄りから話を聞いたりアンケート調査をしたりして調べる

〈評価のポイント〉
① 資料からどんな疑問をもったか
② 学習問題に対する予想になっているか
③ 予想を確かめる学習計画になっているか

　社会科の観点別学習状況の評価（詳しくは13ページ）の観点の中に「社会的な思考・判断・表現」があります。『評価規準作成のための参考資料』（平成22年・国立教育政策研究所）では，評価規準の例として，「（社会的事象について）学習問題や予想，学習計画を考え表現している」と示しています。この評価にあたっては，上図のように「資料からどんな疑問をもったか」「学習問題と予想はつながるか」「予想と学習計画はつながるか」など関連性を見ることが大切です。そして，関連性が不明確である場合には指導や助言を行う必要があります。なぜなら，そうしないと子どもが見通しのないまま調べ活動に入ることになるからです。その意味で，この場面の評価は「A」「B」「C」などと結果としての判断をすることに腐心するよりも，全員にゴーサインが出せるように指導することに重点を置くことが大切です。

フォーカス❷ 子どもが「問いを追究・解決する」授業
(5) 子どもが学習計画を立てるようにする

　学習計画とは,「学習問題に即して調べて予想を確かめる計画」といえます。この計画がないと,子どもたちは学習の連続性が自覚できず,1時間ごとに教師の発問や指示に依って活動するだけの授業になってしまいます。子どもの主体的な学習には,子ども自身による学習計画が必要です。

　そうはいっても,時間数が限られた授業の中で,学習計画を立てる時間の確保や確かな学習計画を支える教師の支援の仕方がむずかしいという声もあります。そこで,次のようにいくつかのパターンを柔軟に考えて,できることから挑戦してみるとよいと思います。

● 「子どもが学習計画を考える」パターン

> A　予想を確かめる資料を選ぶ
> 　　子どもが予想をもったら,教師が資料をいくつか提示して,その中からどれを調べたらよいかを選ばせるようにする。
>
> B　調べる観点を決める
> 　　予想をもとにして「何を」調べたらよいかを決めて「自分が調べる観点」とする。
>
> C　調べる方法を決める
> 　　予想をもとにして「どのように」調べたらよいかを決めて,「自分が調べる方法」とする。
>
> D　調べる順番を決める
> 　　観点を出し合って,学級のみんなでどのような順番で調べていくか「調べる順番」を決める。
>
> E　学習のまとめ方を決める
> 　　調べたことをどのように作品などにまとめるかを話し合って,そのための情報収集を学級のみんなで分担する。

　第4学年「飲料水の確保のための対策や事業」に関する学習を例に考えてみます。わたしたちが一日で水を使う場面や量,校内の蛇口の数などを調べて,「こんなにたくさんの飲み水がいつでも送られてくるのはなぜか」という疑問から「水はどのようにわたしたちのもとに送られてくるのだろう」という学習問題を設定したとします。

Aパターンは，子どもたちが予想をもった後で，教師がダムや浄水場に関する資料，水道管の仕組図などを提示して，その中から自分の予想を確かめるのに必要なものを選ばせるようにするものです。なぜその資料を選んだのかをノートなどに書かせるようにすることが大切です。

　Bパターンは，子どもたちが予想を話し合う活動を通して，「水を送ってくる道筋」「働く人の仕事」「施設や設備」「水の循環」など，学級全体で調べる観点を決め，その中から自分は何を調べるかを選ばせるようにするものです。資料等を自力でさがす点では，Aよりも難易度が上がります。

　Cパターンは，子どもたちが予想をもった後で，それをどのような方法で調べるかを決めるものです。インターネットなどで資料を集める，水道局の関係者に電話やメールなどで質問する，学校図書館で関係書物を読む，浄水場を見学・取材する，などさまざまな方法が考えられます。ただし，十分な見通しや取材相手方との事前連絡を必要としたり，調べる場所や時間の差異が生じたりするため，一斉授業の中ではむずかしい面があります。

　Dパターンは，Cパターンのむずかしさを克服するため，学級のみんなで調べる順番を決めるものです。調べる観点や調べる方法を出し合い，その中から妥当なものを選び，調べる順番をみんなで決めていきます。いわば，その後の授業計画づくりです。そうすれば教師が事前に資料を準備したり，見学・取材を引率したりすることもできます。

　Eパターンは，例えば「『水が送られてくるまでマップ』を作って，働く人の様子を吹き出しに入れていこう」などと学習のゴール形を決めて，そのための情報収集を分担するものです。このパターンは，A～Dパターンのいずれかと組み合わせて学習を進めるようにします。ただし，子どもたちの中に「マップを作ろう」の印象が強く残るため，「どのようにして送られてくるか」という学習問題を忘れないようにする必要があります。

　上記のパターンには優劣や順序性はありません。例えば第6学年のわが国の歴史事象に関する学習では，Aパターン（資料集などを自分で使うことも含めて）が多くなることも考えられます。あくまでも子どもの実態や学習内容，時間数に応じて，できるものに取り組むという考え方が基本です。

フォーカス❷ 子どもが「問いを追究・解決する」授業

(6) 情報を焦点化して考えるようにする

　社会科の授業では，社会的事象相互の関連や特色，意味を考えるようにすることが大切です。そこで，教師は教材を研究して資料を準備し，子どもが順序よく考えることができるように提示していきます。

　しかし，たくさんの情報があれば考えるようになるわけではありません。右図はスーパーマーケットの広告です。ここにはたくさんの情報が盛り込まれています。例えば次のように読み取ることができます。

●スーパーマーケットの広告

・2日続けて同じ商品は売り出さない
・タイムセールは朝，夕方，夜の決まった時間に行う
・一の位が8円の商品が多い

などです。

　ここから，スーパーマーケットがいかに多くの商品を消費者に買ってもらうように工夫しているかについて，いくつか予想することができます。このように1枚の写真や資料でも，たくさんの情報を読み取ることができ，子どもたちが考えるための十分な資料となります。むしろ，こうした資料がたくさん並ぶと，情報過多により子どもたちの思考は拡散してしまうことが多いのです。とくに単元・小単元や本時の目標に迫るための「考える場面」では，情報を絞ることが効果的です。板書にあるたくさんの情報から，あらためて焦点化することです。

　「気象予報士の○○さんはどんなことを工夫し，どんな努力をしているのだろう」という学習問題で気象予報士の仕事を調べる授業がありました。黒板には「正確に」「早く」「わかりやすく」の3つの言葉が並び，その下には仕事の内容が列記されていました。小単元のまとめに位置する時間で

す。これで学習のまとめかなと思っていると，授業の後半で教師は，黒板に貼られた多くの資料や写真の中から，気象予報士の仕事のスケジュール表に注目させました。そして，「何度も繰り返し，放送直前まで気象情報を調べている」事実に対して，「なぜか」と問いかけました。子どもたちは，「心配だから」「間違えるといけないから」などと発言しました。

そこで教師は，天気情報の映像を見せ「動き続ける情報」を伝えることのむずかしさや努力を考えさせるようにしました。これが，気象予報士がいちばん心を砕く点だったのです。子どもたちは，「変わり続けるから最新の予想がいちばん必要だ」と考えるようになりました。焦点化された情報から，本当の「工夫や努力」に気づかせた場面でした。

● 「工夫や努力」「苦心」とは何かを考えて情報を焦点化した例

```
●学習問題　「○○氏はどのようにして用水を通したのだろう」
●調べてわかったこと
  ┌──────┐  ・土木工事に長い年月を要した
  │作業の│  ・多くの人の協力と藩主の支援で成し遂げた
  │様子　│  ・いまの道具はなく，工夫して作った　　→苦心
  │　　　│  ・資金が足りなくなって走り回った　　　→苦心
  └──────┘  ・賛成する人がなかなか増えなかった　　→苦心
             ➡ 焦点化「どうやって〜を乗りこえたのか」
```

＊教材研究で，ほんとうの工夫や努力を作業の様子や事実の中から見きわめることが大切です。

```
●学習問題　「自動車工場で働く人は，どのような工夫，努力をしているのだろう」
●調べてわかったこと
  ┌──────┐  ・流れ作業で分担している　→工場の工夫
  │仕事の│  ・ロボットを使っている　　→工場の工夫　➡焦点化「なぜ〜しているのか」
  │様子　│  ・チームで話し合っている　→働く人の工夫
  │　　　│  ・声をかけ合っている　　　→働く人の工夫
  │　　　│  ・注文票をよく見ている　　→働く人の努力 ➡焦点化「どんなことに気を
  └──────┘  ・集中して安全に行っている→働く人の努力　　　　　　　つけているのか」
```

工夫とは…いろいろと考えてよい方法を得ようとすること
努力とは…目標実現のため，心身を労してつとめること
苦心とは…物事を成し遂げようとして，いろいろに心を遣って苦労すること　（『広辞苑』より）

ただし情報の焦点化には，教師の深い教材研究が前提となることは言うまでもありません。とくに働く人の「工夫や努力」，先人の「苦心」などを考える際には，ほんとうの工夫は何か，いちばんの努力，苦心は何かなどと，教材研究で得た事実から解釈することが必要です。作業や仕事のあれもこれもを工夫や努力としてしまうと，「大変なことを」「いろいろがんばっている」などと観念的な理解にとどまってしまうことが懸念されます。

フォーカス❷ 子どもが「問いを追究・解決する」授業

(7) 説明や話合いを大切にする

　他教科もそうですが，とくに社会科の授業では，「みんなで話し合って問題解決に向かう」ことが大切です。なぜなら，社会的事象にはさまざまな人々の働きが関与しており，社会的事象の意味はさまざまな立場から解釈することができるため，みんなで考えたり話し合ったりすることが確かな理解につながるからです。また，子どもたちが将来出ていく実社会は，さまざまな人々の立場や意見，考えによって形成されてきており，力を合わせて問題解決に向かうことや，互いの考えを交わし合いよりより方向を考えることを経験することは，生きて働く力を育てるうえで大切だからです。

　これからの社会科の授業では調べたことや考えたことを「言語などで表現する力」がいっそう求められます。言語活動の充実による思考力，判断力，表現力やコミュニケーション能力などの育成を背景としています。言語などで表現する力は，「書く力」「話す力」といえますが，ここでは，「話す力」につながる「説明」や「話合い」を大切にすることについて述べます。

　右は，説明したり話し合ったりするときのルールの例です。こうしたルールを習慣化することが大切です。「みんなで考えるルール」として，相手にわかるように話す，他者の発言をよく聞く姿勢を育てるようにしましょう。

　ルールの定着は，教師が役割を粘り強く発揮することから始まります。根拠を示すこと，具体例をあげること，要旨をまとめて話すことなどを繰り返し指導す

●「説明」するときのルール（例）
① 「なぜなら」「わけは」などと根拠（資料等），理由などを示しながら説明する。
② （経験したことやもっている知識などを使った）自分の言葉で説明する。
③ 「例えば」と具体例をあげたり，「つまり」とまとめたりして説明する。

●「話し合う」ときのルール（例）
① 相手の話を聞き，受け止める姿勢で話し合う。
② 「〜さんに似ていて」「〜さんに反対ですが」などとほかの人の意見や考えとつなぐことを大切にする。
③ 「何のために」話し合うのか，話し合って「何を考えるのか」を確認してから話し合う。

ることが必要です。とくに文章で話すことを粘り強く指導しましょう。単語のみでは，事実の積み重ねにはならないからです。

●教師の「子ども同士をつなぐ」役割の発揮（例）
① 単語ではなく，文章で話すように指導する。
② 「言い直し」や「言い換え」を求めて，情報を積み重ねるようにする。
③ 「問い直し」をして，深く考えるように指導する。

　また，子どもの発言は，その子どもがそれまでに理解したことをもとにした筋道（文脈）で表現されます。言葉足らずで意味が不明確なこともあります。教師は「わかってあげる」ことができても，ほかの子どもはわからないことがあります。そこで，子どもの発言をほかの子どもが補足したり別の言葉で言い換えたりするなど，子どもの発言と子どもの発言を「つなぐ」教師の役割が大切になります。こうした指導により，子どもたちは情報を重ね合わせながら，社会的事象の様子を確かにとらえていきます。

　「学習問題はみんなでよりよい解決を考えるためのもの」という合い言葉で学習する学級がありました。そこには，学習ルールという言葉を越えた，自分たちの学びのスタイルが確立されていました。教師が資料を提示すると，次々に気づいたことを発言します。「似ています」「関係があります」などと声をかけ合いながら発言が続きます。教師が発問で揺さぶりをかけると，自然と5〜6人グループで相談を始めます。相談がまとまるとグループ代表者が立ち，立った順に「〜ですよね」「〜と言えませんか」などと学級に（みんなに）語りかける口調で発言します。聞いている子どもたちは，わからない場合には必ず質問をします。納得すると「ああ，そうか」と声を発します。考えを交わす場面では，「反対，賛成」はもちろん，「〜さんと同じ意見ですが理由が違います」「〜さんに一部賛成ですが，反対する点もあります」と，こんな感じです。子どもたちの発言は，相手の話をよく聞いて，受け止めながら自然な形で行われます。形式ばったルールではなく，みんなで知恵を出し合おうという雰囲気が醸成されている感がありました。

　説明や話合いを大切にすることは，こうした子どもたち自身による学び合いスタイルの確立にもつながります。

フォーカス❷ 子どもが「問いを追究・解決する」授業
(8) 振り返りを大切にする

　1時間ごとの授業には，その授業全体を見通した問いやめあてが必要です。学習問題，課題，めあてなど，言い方はさまざまですが，これがないと問題解決になりません。問いやめあてが設定されたなら，その問いやめあてについて振り返る場面が必要です。これが本時の目標に迫る「学習のまとめ」となります。いろいろと出された事実や情報から「つまり何がわかったのか」「めあてをどのように実現したか」を整理する場面です。

　「Aさんはどのような工夫をしているか」と問う授業であれば，「Aさんは〜」と，「なぜ○○が必要なのか」と問う授業であれば「○○が必要なわけは〜」などと，学習したことを整理してまとめます。問いはあっても，その答えが不明確な授業にならないように心がけることが大切です。

●振り返りの板書の例

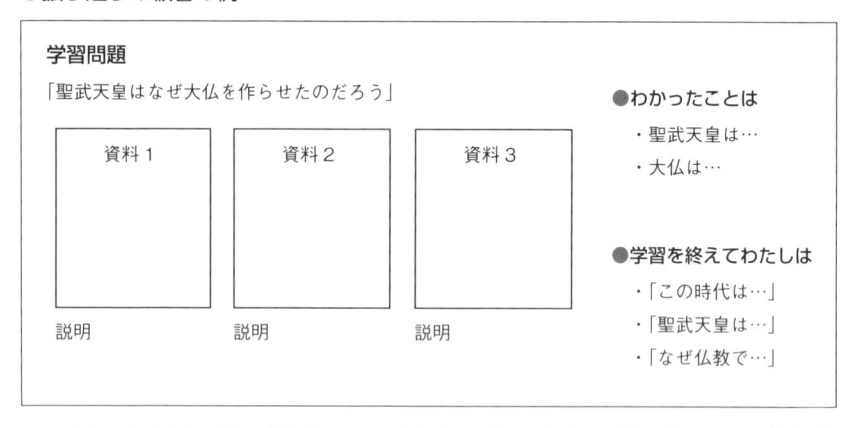

```
学習問題
「聖武天皇はなぜ大仏を作らせたのだろう」
                                    ●わかったことは
 ┌─────┐ ┌─────┐ ┌─────┐     ・聖武天皇は…
 │ 資料1 │ │ 資料2 │ │ 資料3 │     ・大仏は…
 │     │ │     │ │     │
 │     │ │     │ │     │     ●学習を終えてわたしは
 │     │ │     │ │     │     ・「この時代は…」
 │     │ │     │ │     │     ・「聖武天皇は…」
 └─────┘ └─────┘ └─────┘     ・「なぜ仏教で…」
  説明      説明      説明
```

　上図のように，「聖武天皇はなぜ大仏を作らせたのだろう」という学習問題を振り返る授業がありました。子どもたちは，「聖武天皇は，仏教の力で世の中を平和に治めようと考えたから」「多くの人々を動かすことで，天皇の力を示して天皇中心の政治にしようと考えたから」などと，学習問題を振り返り学習をまとめました。本時の理解目標に迫る場面でした。

　こうしたまとめは，教師によって言葉がまとめられ黒板に書かれます。そして，子どもたちはそれをノートに写します。しかし，それでほんとう

にわかったことのまとめになるでしょうか。授業後に子どもたちのノートを見ると，みんな同じ内容になります。黒板を写したのだから当然です。そうなると勢い，ノートを通じた評価は「きれいに書いてあるかどうか」になってしまいます。

「仏教の力で世の中を平和にして治めようと考えた」「天皇中心の政治にしようと考えた」，これらは理解すべきことの氷山の一角にすぎません。「なぜなら」「それは」と続けて，調べた具体的な事実を根拠にしてノートに記述することが大切です。それが「理解したこと」の証明になることは24，25ページで述べたとおりです。

加えて，学習者である子どもが，自分の気づきを振り返ることも大切です。そこには，「わたしは〜」と，自分なりの考えをまとめたり，見方や考え方を生かしたりするまとめが生まれます。先の授業でも，最後に自分の考えを述べる時間を設定し，黒板にも「学習を終えてわたしは…」という箇所を設けていました。子どもたちは，「聖武天皇は仏教を取り入れたり外国の人を招いたりして，大陸文化とつなぐ橋のような役だったと思う」「この時代は，一人が大きな力で世の中を動かせた，いまと全然違う。よい面とよくない面がある」「なぜ仏教だけで世の中が静まるのか，それほど知識や情報が少ない時代だったと思う」などと，わかったことをもとに「自分なりの考えや疑問」などをノートに書き，発表していました。そこには，人物の業績を自分の言葉で整理し直したり，当時の社会といまの社会を比べたりする子どもの姿がありました。ノートに書かれたこの記述は，一人一人が異なる内容になります。板書はあくまでもその代表例を書きとめただけのものです。このようにすることで，ノートの記述から個々の子どもの考えや理解が把握でき，ノートを評価資料とすることもできるようになります。

問題解決的な学習では，必ずしも唯一正しい答えが見つかるわけではありません。多様な考え方を見いだして終わる場合もあります。その場合には，学習問題の「答え」ではなく，学習問題を振り返った「学習のまとめ」と考えればよいのです。

実践事例から学ぶ

事例2 「子どもが『問いを追究・解決する』授業」の事例

1．小単元名　第3学年「古い道具と昔の暮らし」（全10時間）

2．小単元の目標
　地域に古くから残る暮らしにかかわる道具やそれらを使っていたころの暮らしの様子について，観察，調査したり年表にまとめたりして調べ，人々の生活の変化や願いを考えるようにする。

3．小単元の評価規準

社会的事象への関心・意欲・態度	① 地域に古くから残る暮らしにかかわる道具とそれらを使っていたころの暮らしの様子に関心をもち，意欲的に調べている。 ② 人々の暮らしの向上への願いと暮らしの変化に関心をもち，地域の人々のよりよい暮らしを考えようとしている。　**ポイント①**
社会的な思考・判断・表現	① 古くから残る道具と暮らしの変化について，学習問題や予想，学習計画を考え表現している。 ② 道具の変化と人々の暮らしの変化を関連づけて考え，適切に表現している。
観察・資料活用の技能	① 観点に基づいて観察したり，地域の人や学芸員から聞き取り調査したりして，必要な情報を集め，読み取っている。 ② 調べてわかったことを見学カードや絵年表などにまとめている。　**ポイント②**
社会的事象についての知識・理解	① 地域に古くから残る暮らしにかかわる道具とそれらを使っていたころの暮らしの様子を理解している。 ② 地域の人々の暮らしの変化や向上は，人々の願いや知恵によるものであることを理解している。

4．教材の構造

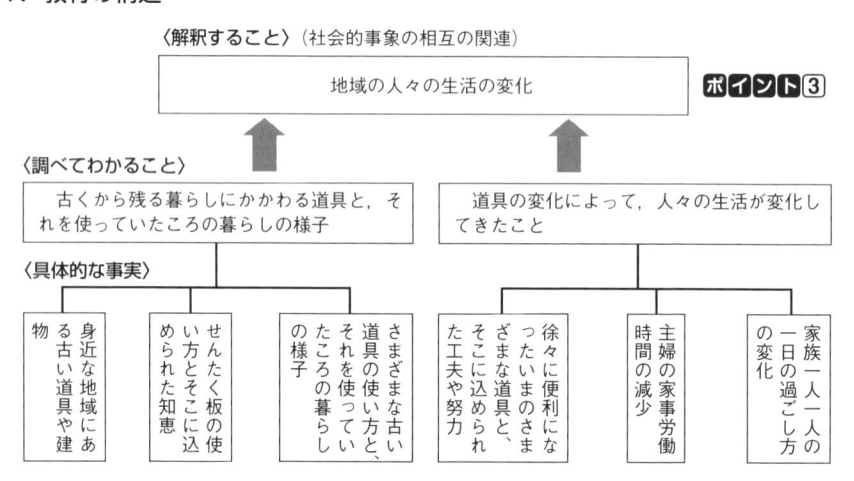

〈解釈すること〉（社会的事象の相互の関連）

　　　　　　地域の人々の生活の変化　　　**ポイント③**

〈調べてわかること〉

古くから残る暮らしにかかわる道具と，それを使っていたころの暮らしの様子	道具の変化によって，人々の生活が変化してきたこと

〈具体的な事実〉

- 身近な地域にある古い道具や建物
- せんたく板の使い方とそこに込められた知恵
- さまざまな古い道具の使い方と，それを使っていたころの暮らしの様子
- さまざまな古い道具のさまざまなそこに込められた工夫や努力
- 徐々に便利になった道具
- 主婦の家事労働時間の減少
- 家族一人一人の一日の過ごし方の変化

>>> **ポイント①**「関心・意欲・態度」の評価規準

　本小単元の目標は,「人々の生活の変化を考えるようにする」ことですが,学習指導要領の学年の目標には,この内容を通して「地域社会に対する誇りや愛情を育てるようにする」と示されています。事例では,それを受けて,社会的事象への関心・意欲・態度の評価規準で「地域の人々のよりよい暮らしを考えようとしている」を設定しています。このようにすることで,学習を「…がわかった」で終わりにせずに,実社会に関心を高めたり,自分の生き方を考えたりすることにつなげるようにします。子どもが「問いを追究・解決する」授業では,子どもが問い続けるようになることも期待しています。

>>> **ポイント②** 情報の整理と焦点化

　事例では,調べたこと,わかったことのカードを年表に位置づけるようにしています。「変化」について,100年前→現在ではなく,100年前→50年前→現在と徐々に変わる様子,すなわち「移り変わり」を通して考えることができるようにしているのです。このことにより,学習問題（次ページ）の「どのように変化したか」を言葉で表せるようにしています。

　子どもたちが手分けして調べた情報はたくさんになるので,地図や年表などに整理することにより,「焦点化して何を見ればよいのか」をおのずと子どもが気づくようにすることが大切です。

>>> **ポイント③** 生活の変化を考える

　本小単元で,考えるようにすることは「地域の人々の生活の変化」です。変化を考えるといってもピンとこないかもしれません。道具の変化と暮らしの変化を関連づけて考えるといったほうがわかりやすいでしょう。ただし「道具がこのように変わったので生活がこのように変わった」と説明して終わりではありません。変化の要因,変わらないもの,変わってほしくないもの,これから期待する変化,など「変化を考えるようにする」の具体例はさまざまに考えられます。

　事例では,その時代の人々の知恵や工夫と変化との関係から,「時代ごとに工夫や知恵を生かしながら生活してきたこと」「その工夫や知恵が道具を便利に変化させてきたこと」「道具が変わることで家族一人一人の生活がさまざまに変わったこと」「これから変わってほしいこと,変わってほしくないこと」などを考えさせる意図で内容が構成されています。

5．学習展開　（○番号は「第○時」を表す）

	おもな学習活動・内容	・指導上の留意点，【評価規準】
つかむ	①身近な地域の古いものさがしをする。 　・神社・寺・人物・道具・機械　など ②いまと昔の人々の暮らしの変化について話し合う。 　　｜昔の人々はどのような暮らしをしていたのだろう｜ 　・道具　・家族構成　・外国の影響　など 　　**ポイント①** ③せんたくの仕方の変化を例に調べ，学習問題の設定に迫る。 　・いまよりも道具を大事にしていたのではないか。 　・せんたく板はいまから見ると使うのが大変だけど，そのころの人々の知恵が込められている。 　・道具の使い方が便利に変わってきた。　など 　　＝学習問題＝ 　｜道具はどのように変化し，人々の暮らしをどのように変えたのだろう｜ 　・いくつかの道具を例にあげて予想し，いまの道具と古い道具を比較・調査する観点を話し合って明確にする。 　　・使い方　・手間　・かかる時間　・必要な人数 　　・動力源（電気使用）　・使っている素材　など	・写真や実物など具体的に見たり触ったりできるものを用意して示す。 ・100年くらい前の昔の家の中，家族の様子，服装，仕事の様子，まちの様子などの資料を提示し，暮らしの変化に対する問いを引き出すようにする。【関—①】 ・せんたく板を使ってみる体験活動を行うことにより，暮らしの様子を想像できるようにする。 ・せんたくに使う道具の変化を年表に位置づけてまとめる。【技—①】 ・比較する観点を明確にすることにより問題解決の見通しをもてるようにする。【思—①】 　　**ポイント②**
調べる	④⑤古い道具といまの道具を100年前，50年前，現在を目安にして，観点に基づいて調べる。 　・歴史資料館で道具を観察したり，使ってみたりする。 　・学芸員に使い方を教わったり質問したりする。 ⑥調べたことを観点ごとにカードにまとめる。 　・道具の名称　・観点ごとの結果 　・道具のイラスト（写真） ⑦学級全体で古い道具に共通する事柄を観点ごとにまとめる。 ⑧調べた古い道具調べカードを絵年表に位置づけて整理し，いまの道具との違いをまとめる。	・調べる観点を整理した古い道具調べカードに，調べた古い道具について記録していくようにする。 【技—①】【知—①】 ・古い道具に共通する特徴を観点ごとに整理できるようにする。 【知—①】 ・道具を使用目的や時代ごとに分類整理し，学級全体の絵年表に位置づける。【技—②】
まとめる	⑨道具の変化と暮らしの変化の関係について話し合う。 　・省力化，作業時間が減少，その場を離れることができるようになったことなどにより，行動範囲が広がった。 　・家事にかかる時間が減少し，外で働く女性が増えた。　など 　｜人々の暮らしはこれからどのように変わっていくのだろう｜ ⑩学習したことをもとに，これからも変わっていくと思うことや，変わらないでほしいことなどについて話し合う。 　・学習問題を振り返り，自分の考えを交えてまとめる。	・道具の使い方のどんな変化によって，だれの暮らしをどのように変えたかを具体例をあげて説明させるようにする。 【思—②】【知—②】 　　**ポイント③** ・人々の生活の向上への願いや，変わるべきでないことを表現させるようにする。 【関—②】【思—②】

>>> ポイント① 子どもの問いを大切に

　小単元の導入で提示する資料は，とても大きな意味をもちます。なぜなら，その資料を通して，これから学習する社会的事象と子どもが出合うことになるからです。その際，驚きや疑問が引き出されるような情報がある資料だと，子どもの学習意欲は格段に高まります。事例では，100年くらい前の家，家族，仕事，まちの様子などを写真やイラストで提示して，「いまとずいぶん違う」といった驚きや「昔はどんな生活だったのだろう」といった疑問を引き出すようにしています。そして，せんたく板を使う体験を通して「このような道具では家事は大変なのではないか」「いつからいまのように便利になったのか」などと問いを具体化しながら学習問題の設定につなげていきます。

>>> ポイント② 予想や学習計画による学習の見通し

　事例では，いまの道具と古い道具を比較・調査する観点について，話合いを通して明確にしています。このことにより，この後の調べる活動の見通しがもてるようになります。観点は教師が一方的に提示するのではなく，子どもの予想を生かしながら決めていくことが大切です。「たぶん力がいるはず」「ずっとそばにいないといけない」などと，子どもたちが古い道具の写真やイラストから予想したことを，「では確かめてみよう」と観点にするのです。

　観点が書かれた調べカードを配布して，いくつの道具をどんな順序で調べていくかを決めれば学習計画の出来上がりです。

>>> ポイント③ 振り返りの重視

　「変わってきたこと」を道具と人々の暮らしの関係で振り返るようにしています。「人々の生活の変化を考えるようにする」ことが目標だからです。その際，大切になるのは教師の発問です。事例では「道具の使い方の変化が暮らしをどのように変えたのか」と明確な発問をしています。この発問により，「力がいらないから子どもでも手伝えるようになった」「その場を離れられるから主婦が外で活動できるようになった」など，人々の生活の変化を具体的に考えることができるようになります。また，最後に「これからどのように変わっていくか」と投げかけることにより，便利さの追究，生活の向上，その一方で物を大切にする心や家族の協力の大切さなど，さまざまな視点から自分の考えを交えて，「人々の生活の変化」を考えるようにしています。「関心・意欲・態度」の観点で評価することができる表現内容が期待できます。

6．学習の実際

① 第3時に使ったせんたく板

② 歴史資料館で学ぶ（第4・5時）

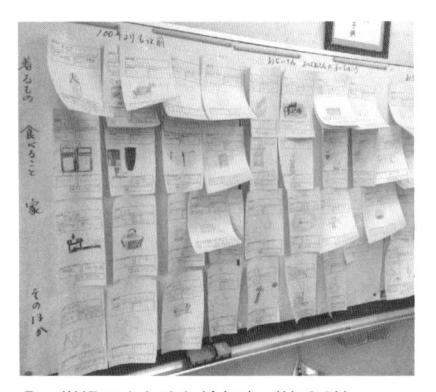

③ 学級でまとめた絵年表（第8時）

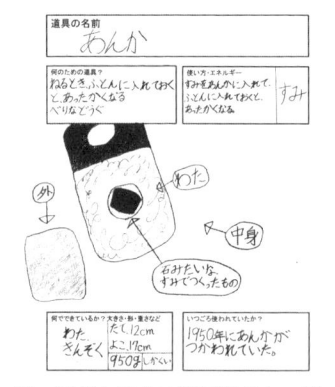

④ 子どもの古い道具調べカード
　　（第4・5時）

　古い道具はせんたく板のように，こつがいるからてまがかかると思います。それと力が必要だし，一度にできない分，時間もかかりそうです。だから時間やてまを比べたいです。
　それと，家族が協力しているので，いまの道具は一人でできるけど，古い道具はみんなでやる物が多いのかどうかも調べたいです。

⑤ 子どものノートの記述（第3時）

　人々は，いつもいまよりももっと便利にできるようにならないかなという考えをもって生きているのだと思います。これが変わらないことです。実際に調べてみると，道具が機械になったり進化しているので，「人間の知恵はすごい！」と思いました。いまの人ももっとよいものを作りたいとか，自然を大切にしたいとか考えていると思います。

⑥ 子どものノートの記述（第10時）

》》》 ポイント① 体験的な活動の効果

　社会科においては，可能なかぎり体験的な活動を取り入れることが効果的です。おそらくすべての学年，内容で取り入れることは，時間的にも困難であることが予想できますが，とくに社会科のスタート学年である第3学年では，子どもが具体的な事実から情報を集めることの大切さを実感するためにも重要な活動です。

　事例では，材質や形状，使い方に着目して観察したり，実際に使ってみる体験を通して，この道具を使っていた人々の知恵や工夫を読み取ったり苦労を予想したりするようにしています。また歴史資料館（②）を訪問し，見たり体験したり学芸員から話を聞いたりしています。こうした学習活動を通すことにより，調査する観点についての具体的な事実を集めてくることができます。

》》》 ポイント② 学習したことを学級全体で整理

　③は学習したことを絵年表に整理したものです。年表に整理することは，「変化を考える」「移り変わりをとらえる」本小単元でとても大切な学習活動です。社会的事象を時間的に見るという社会的事象の見方を養う場面でもあります。また④のような形で子どもが個々に調べたことを③のように学級全体で整理することは，「みんなで協力して問題を解決する」ことを子どもたちが自覚するうえでも大切な活動といえます。

》》》 ポイント③ ノート指導の重視

　問題解決的な学習では，子どもの問いや予想，自分なりの振り返りが大切です。これらは一人一人の子どもにノートに書いていくよう指導しましょう。黒板にまとめられた「学習の結果」だけを写すように指導していると，教師は一人一人の子どもの考えや理解したことを把握できません。また，一人一人に問いを追究・解決する力が育ちません。⑤はいくつかの道具を例にあげてみんなで予想した後，自分が調べたいと思うことを書いたものです。学級全体で話し合う際のこの子の考えです。こういう記述を残していかないと，一人一人の考えは見えなくなってしまいます。⑥は「人々の暮らしはこれからどのように変わっていくのだろう」という問いに対する考えです。唯一正しい答えを探しているのではなく，自分なりの考えを表現していることがうかがえます。

＊本事例は東京都渋谷区立笹塚小学校の北川大樹教諭の実践をもとに筆者が本書の意図に沿って加筆・修正したものです。

ズームアップ ❷ これからの社会科授業改善のフォーカス

フォーカス❸ 子どもの「能力や技能を育てる」授業

(1) 思考力，判断力，表現力を関連づけてとらえる

① 思考力，判断力，表現力とは

　思考力，判断力，表現力は大きな概念の総合力であるため，学校教育法30条2項*7に規定されているように「知識や技能を使って課題を解決するために必要な思考力，判断力，表現力」と焦点化してとらえましょう。

　小学校社会科では，思考力，判断力を「社会的事象の特色や相互の関連，意味を考える力」としています。具体的には子どもが，もっている知識（理解したことを含む）や資料活用等で得た情報をもとに「比較」「関連」「総合」「再構成」などの思考方法を駆使して学習問題を追究・解決するために考える力です。社会的事象から問いを見いだして予想したり社会的事象の特色や意味などを考えたり判断したりする場面で使われる力です。また，表現力を「調べたことや考えたことを表現する力」としています。観察や資料活用などを通してわかったことを表現する力や考えたことを言語などで表現する力です。観点別学習状況評価では，前者は「観察・資料活用の技能」の観点で，後者は「社会的な思考・判断・表現」の観点で評価します。

　ここでは，思考力，判断力，表現力を関連づけてとらえるという枠組みで，後者の「考えたことを言語などによって表現する力」に絞って説明します。「言語など」としているのは，考えたことを表現するには，言葉や文章だけでなく図表やイラスト，絵，資料などを使うことも多いため，それらを含めてとらえることが必要だからです。

② どのように育てるか

　考える力も表現する力も，それだけを単独で育てていくことはむずかしいものです。子どもの学習状況に評価規準をあてはめて，「～について～をもとに考えているか」などと「考えたこと」の表現内容を評価して，単

元あるいは本時の目標の実現につながるかどうかを教師が評価して指導することで育てていきます。そのために「思考・判断・表現」と結びつけて評価する観点を設けているのです。

下表は,『評価方法等の工夫改善のための参考資料』をもとに観点別評価規準を設定する際の骨子をまとめたものです。社会科で育てたい学力を子どもの姿として見えるようにしています。この表を「社会的な思考・判断・表現」の縦軸で見ると,「学習問題や予想,学習計画を考え表現する場面」と「調べたことを比較,関連づけなど,社会的事象の特色や意味などを考える場面」の2つの学習場面が想定されています。こうした場面で

●評価規準の設定例の骨子

社会的事象への関心・意欲・態度	社会的な思考・判断・表現	観察・資料活用の技能	社会的事象についての知識・理解
① 社会的事象について関心をもち意欲的に調べている。	① 社会的事象から学習問題や予想,学習計画を考えて表現している。	① 学習問題の追究・解決に必要な情報を集めて読み取っている。	① 社会的事象の様子について理解している。
② よりよい社会を考えようとしている（心情など） ＊各学年の態度に関する目標など	② 調べたことをもとに(比較,関連づけ,総合などして)社会的事象の特色や相互の関連,意味を考えて適切に表現している。	② 調べたことを地図や年表,図表や作品などに整理してまとめている。	② 社会的事象の特色や相互の関連,意味を理解している。

＊『評価方法等の工夫改善のための参考資料』国立教育政策研究所（平成23年）の資料をもとに筆者が作成

評価と指導を繰り返して育てていくことを意図しています。

また,横軸からは社会科の学習展開がおのずと見え,思考力,判断力,表現力は,知識・理解や資料活用等で得た情報,社会的事象への関心や態度などと密接に関連し合って育つものであることがわかります。とくに「社会的な思考・判断・表現」と「観察・資料活用の技能」は,学習問題の追究・解決のために,情報をもとにして調べたり考えたりという密接な関係にあることがわかります。(70ページも参照)

子どもは知識や情報をもとにして,調べわかりながら考え表現します。観察や資料活用で情報を獲得し,それを既有の知識と組み合わせながら学習問題の解（社会的事象の特色や意味など）を見つけるためにほかの子どもと一緒に考える。そうした学習展開を図ることが,「知識や技能を使って課題を解決するために必要な思考力,判断力,表現力」を育てる道のりです。

フォーカス❸ 子どもの「能力や技能を育てる」授業

(2) 考える力を育てる　～比較する・関連づける～

　社会科における「考える力」は，もっている知識（理解）や資料活用等で得た情報を，比較・関連づけ・総合して社会的事象の特色，相互の関連，意味について考える力です。また，自分の考えをまとめるなど「再構成して考える力」も求められます。比較，関連づけ，総合，再構成は，それ自体を考える力というよりも思考方法（操作や手続き）といったほうがよいものであり，大切なのは，これらの思考方法を駆使して社会的事象の特色や相互の関連，意味を考える力を育てることです。

　実際の授業では，子どもがおのずとこうした思考方法を駆使するよう意図的に指導することが大切です。ここでは「比較」と「関連づけ」の代表的なものをあげて意図的な指導について説明します。ただし，代表的な例であって，この２つの順序性を示すわけではありません。子どもの中で行き来しているものです。

① 比較して考える

　比較は，複数の情報を「比べる」思考方法です。以下の例のように単元・小単元や１時間の授業の導入で，資料から得た複数の情報を示すことで比較する場面設定ができます。

　スーパーマーケットと個人商店の販売の様子の比較，昔といまの道具や暮らしの様子の比較，とる漁業と育てる漁業の漁法の比較，輸出額と輸入額の比較　など

以下に示すように比較は問いや予想を見いだす「きっかけ」になります。
例：比較する　→　違いに着目　→　それぞれの特性（「ＡはＢと違って…」）
　　や変化（「ＡからＢに変わったのは…」）などについての問いや予想
例：比較する　→　共通点に着目　→　特性（「どんな…といえるか」）や傾
　　向（「全体として…ではないか」）などについての問いや予想
　このように比較は，複数の情報から問いを見いだしたり，自分のもっている知識（理解）を使って予想したりして，社会的事象の意味などを考え

る学習につなげていく大切な思考方法です。比較する際には，教師は「どのような違いがあるだろう」「共通することは何だろう」などと発問し，「建物の形状」「数や量」「人の動き」など比較するための「観点」を，子どもと一緒に決めながら進めることが大切です。そうした観点が身につくことで，子どもの「知識や情報を活用して考える力」が育ちます。

② 関連づけて考える

　関連づけは，複数の情報を「つなげる」思考方法です。社会科は「人々の生活」「自然環境」「社会的事象」「社会の仕組み」などをさまざまな組合せでつなげることで，1つずつのときには見えなかった特色や傾向，意味や意義，背景などが見えるようになります。学習指導要領やその解説の記述にも「社会的事象相互の関連」「国土や産業と国民生活との関連」「連携」「かかわり」などの言葉が頻繁に登場し，そのことを裏づけています。

> 販売側の工夫と消費側の工夫の関連づけ，複数の人物の働き相互の関連づけ，農業が盛んな地域と地形や交通の条件の関連づけ，国土の環境と自然災害発生要因の関連づけ，政治の働きと国民生活（願い）の関連づけ　など

　関連づける思考方法を使う場面は，上記の例からもわかるように単元（小単元）や1時間の授業の後半に多く見られます。例えば，以下のような例が考えられます。

　　例：関連づける → 相互関係（「～は…のために」）に着目 → 社会的事象の意味（「どのような働き，役割が…」）を考える

　　例：関連づける → 条件（「～地形により…，交通網により…」）に着目 → 社会的事象の特色（「どのような…といえるか」）を考える

　このように関連づけは，複数の情報，自分のもっている知識（理解）を相互につなげることで，社会的事象の意味などを考える学習につながる大切な思考です。関連づける場合には，上記のように「抽象化」するための問いが大切です。比較したり関連づけたりする思考方法は，子ども同士の予想や意見を交わし合う場面でも使われます。

(3) 考える力を育てる　～総合する・再構成する～

① 総合して考える

　総合は，学習したことを「まとめる」思考方法です。社会科の授業では，社会的事象の様子の理解にとどまらずに，特色や意味などを考えるようにすることが大切です。その際に使われるのが，総合する思考方法です。

　例えば，第3学年の小単元「地域の野菜作り農家の仕事」では，Aさんの大根作りの工夫について，「半年かけて栄養満点の土を作っている」「毎日見回って水の量を調節している」「特別な肥料をまいている」などの事実をもとに「(つまり) Aさんは，おいしい野菜を作るためにいろいろな工夫をしている」などとまとめます。あるいは小単元の終末には，「わたしたちの地域には畑が多い」「Aさんは工夫して大根を育てている」「作られた大根は給食に使われたり，店頭や路地で販売されている」などの事実をもとに，「(つまり) わたしたちの地域では野菜作りが盛んで，作られた野菜はスーパーなどで売られ，わたしたちの生活を支えている」などとまとめます。

　このように社会科は，具体的な事実や情報を知識として，それを組み立てながら，共通点や規則性，傾向などを探り，「つまり」と抽象化，概念化された社会的事象の特色や意味などを考える教科であるといえます。

　総合する場合には，「つまりどんな工夫といえるか」「3つをまとめると何がわかるか」などと，まとめるための問いが大切です。あるいは，「～は，わたしたちにとってどのようなものか」「なぜ～を大切にしている（すべきな）のか」などと，小単元の学習全体を俯瞰して，あらためて考えるようにする問いも考えられます。

② 再構成して自分の考えをまとめる

　再構成は，「組み立て直す」思考方法といえます。組み立て直すには，いくつかの手がかりが必要になります。代表的なものを例示します。

ア　自分の考えをまとめる（判断する）

　総合が「わかったことをまとめる」思考方法であるのに対し，再構成

は，わかったことをもとにして，自分なりの考えをまとめる思考ともいえます。もう一度，具体的な事実や情報に戻り，価値（「～がいちばん大事だと思う。なぜなら…」）や課題（「～は問題だと思う。なぜなら…」）について判断し，自分の考えを組み立て直すものです。あるいは，意見や主張（「～すべきである」など）をまとめることも考えられます。

イ　新たな問いをもつ

　　問題解決的な学習は，「問題 → 解決」の流れを進みます。しかし，現実の授業では，この「解決」は社会的事象の様子（○○地域で行われている農作業の様子，農作物がわたしたちのもとに届けられる仕組み）を理解することで終わる場合が多く見られます。なぜなら「問題」は「学習問題」であり，その中身は「～はどのように作られているのだろう」などと社会的事象の様子を調べるための問題が多いからです。

　　ところが，学習指導要領の内容を見ると「国民の食料を確保する重要な役割を果たしていること」や「自然環境と深いかかわりをもって営まれていること」を考えるようにすることが示されています。そのため，学習展開によっては，「なぜ食料自給率を高めることが大切なのか」「どうすれば水産資源を守りながら漁獲量を増やすことができるか」などと，学習したことから新たな問いを生み出すようにすることが大切な場合があります。いわゆる「現実的な課題」を学習問題や発問にする例です。こうした現実的な課題の追究により「重要な役割」や「深いかかわり」をより確かに理解できるようになるとともに，「産業の発展に関心をもつ」など学習指導要領の各学年の態度に関する目標の実現に向かうからです。

　　再構成する場合には，子どもが自分の決めたテーマや課題に即して調べたことを整理し直す作業（レポートや新聞など）や，共通テーマや論題を決めた話合い・討論などを取り入れることが効果的です。

フォーカス❸ 子どもの「能力や技能を育てる」授業

(4) 言語などで表現する力を育てる

「考えたことを言語などで表現する力」を育てる場面は、説明、論述、討論などさまざま考えられます。ノートや作品などに記述する場面もそうです。こうした場面では、次の3点を念頭に入れて指導しましょう。

① 子どもは「調べたことをもとにして考える」ということ

社会科では、観察・調査や資料活用を通して得た情報をもとにして考えたこと（解釈したこと）の表現を大切にします。そのための手立てとして、次のことを大切にしましょう。

・「わかったこと」を、ていねいにまとめさせること

「考えたこと」の記述を急がずに、まず事実や情報について「わかったこと」を整理させることが大切です。わかったことの確認なしに「考えたこと」や感想を求めても、子どもは「～がわかった」と表現します。まず事実や情報を整理したがっているのです。

・考える時間を保障すること

大人でも何かを考えるには時間が必要です。隣りの人と相談したりノートに書いたりする活動を通して、子どもが考える時間を十分に保障しましょう。ノートに自分の考えをまとめることは、その子の「考えの足跡」が残されることにもなり、それは教師にとって大切な評価資料にもなります。

・学習問題を振り返ること

考えたことを書かせるには、調べて集めた情報などをもとにして学習問題を振り返って、まとめるようにすることが大切です。そのため、「なぜ～」と意味を考えたり、「どのような～」と特色や関連を考えたりする学習問題が大切です。学習問題が疑問形になっていると、振り返ってまとめる際の文脈（「なぜかというと～」「つまり○○な～」など）ができるので、子どもは考えやすくなります。

② 相手にわかるような説明ができるようにすること

頭の中で考えたことを相手にわかるように「説明する」ことが必要です。

相手にわかるようにとは,「根拠（資料など）や理由を示して」「具体例をあげたりまとめたりして」「他者の意見と関連づけるなど自分の立場を明確にして」「一度解釈して自分の言葉で」などが考えられます。こうした表現の仕方は,「なぜなら」「つまり」「例えば」などの接続詞や「～さんと似ていて」「～さんと反対で」などと他者の意見と関係づける伝え方などを繰り返すことで身についていきます。各教科等の学習で意識させたいことです。

③ 伝え合うことでお互いの考えを深めるようにすること

話合いの指導は，50，51ページにも記載がありますのでそれを参照してください。ここではとくに2点述べます。

・聞き合い，受け止め合える子どもを育てること

話合いが成立するためには，話し合う内容がつながることが必要です。そのためには，まず相手の話を聞くこと，受け止めることをていねいに指導します。話合い活動といっても，人数が多ければ聞く時間が多くなります。人の話を受け止め，意見を聞き分けたり関係づけたりできる子どもを育てるようにすることが大切です。

・話し合う目的を示すこと

活発な話合いを促す方法の一つとして,「賛成か反対か」などと二者択一的に自分の立場を決めて行う討論があります。しかし,「多様な考え方に気づかせ，広い視野から社会的事象の意味を考えるようにする」ことをねらう授業が，いつしか反対のための反対のような議論を繰り返す場面に陥ってしまうこともあります。討論は目的ではなく手段であることを念頭におきましょう。子どもたちに「何のために話し合うのか」と目的を示すことが大切です。始めから「立場に分かれて，よさや課題を考えよう」と示す方法，話合いの途中で「共通することがある」と新たな視点に気づかせる方法,「Aさんは実際にどう解決したか」と現実の社会的事象を調べる方向に導く方法など，さまざま考えられます。教師は適切なタイミングで役割を果たすことで，子どもたちの学習を本時や単元（小単元）の目標の実現に向かわせることが大切です。

フォーカス❸ 子どもの「能力や技能を育てる」授業
(5) 観察・調査の技能を育てる

「観察」とは，第3学年および第4学年において，社会的事象の様子を調べる「見学・取材」などの体験活動の際に「ものごとを理解しようとしてよく見ること」です。調査活動の一環として，「観察・調査」と説明されます。「調査」は，「ものごとを明確にするために調べること」なので，「観察・調査」は「ものごとをよく見て調べて理解するため」の活動です。

学習指導要領解説では，第3・4学年の目標にある「地域における社会的事象を観察，調査する」ことについて，次のように説明しています。

> 地域の地理的環境や人々の社会生活の様子を具体的にとらえたり，その特色や相互の関連などについて考えたりするために，地域における社会的事象を自分の目でよく見たり調べたりすることである。例えば，次のような観察や調査を行うことが考えられる。
> ・ありのままに観察する。
> ・数や量に着目して調査する。
> ・観点に基づいて観察，調査する。
> ・他の事象と対比しながら観察，調査する。
> ・まわりの諸条件と関係付けて観察，調査する。

例えば次のような観察・調査の場面が想定されます。

●第3学年
○学校のまわりの様子を観点に基づいて観察・調査する場面
 ・観点「人の様子」…数，年齢層，性別，服装，向かう方向，集まり方　など
 ・観点「車の様子」…数，車種（乗用車かトラックか），時間や道幅との関係　など
 ・観点「土地の使われ方」…住宅地か畑か，一軒家かビルか，坂や土地の高低との関係　など
○スーパーマーケットの販売の様子を観点に基づいて観察・調査する場面
 ・観点「店内の様子」…広さ，客の数，通路の幅，明るさ，室温　など
 ・観点「働く人の様子」…人数，仕事の内容（販売かそうでないか），服装　など
 ・観点「商品の様子」…種類，値段，同じ商品の数，配置の仕方　など
 ・観点「サービスなど」…駐車場，カート，ポイントカード，バリアフリー　など

●第4学年
○地域の防火・消火のための施設・設備を観点に基づいて観察・調査する場面
・観点「種類」…消火栓・消火器・送水管　など
　＊消火施設か，防火施設か，通報施設かなどと分類する方法も考えられる。
・観点「設置場所の様子」…道路の幅，通る車の数，周囲の建物　など
・観点「数と間隔」…どれくらいの距離ごとにあるか，番号はいくつか　など
○ごみ集積場とごみ収集車の様子を観点に基づいて観察・調査する場面
・観点「きまり」…分別の種類，収集日と時間，周囲の様子，守られているか　など
・観点「収集車と働く人の様子」…収集車の仕組み，収集のスピード，収集コース，安全への配慮，きまりが守られていない場合の対応　など

　観察・調査の実際の方法としては，「見てくること」のほかに「聞き取り」「計測」「読み取り」などがあります。例えば実社会の人（関係者や施設・店の利用者など）から様子や特徴，よさなどについて聞き取る。数や量，距離や幅などを計測する。看板や表示などから情報を読み取る。などです。

　上記の例からもわかるように，観察・調査の技能は，「観点に基づいて必要な情報を集めて読み取る技能」ということもできます。

　学習指導要領解説では，第5学年，第6学年においても以下の観察，調査の技能が示されています。

　　　・観点や質問事項を決めて，詳しく見たり聞いたりするなどの調査を行う。

　第3学年から第6学年へと子どもたちに観察や調査の技能を育てていくためには，観察・調査する観点や質問事項を子どもたちが主体的に決めることができるよう指導していくことが必要です。具体的には，学習問題に対する予想を話し合う場面を重視して，「何を調べればそのことがわかるかな」「どうすればその予想を確かめられるかな」などと問いかけて，教師と子どもで一緒に観点づくりをすることや，「前に○○という観点で調べたね，この場合はどうかな」などと既習の観点や調べ方を子どもに想起させ活用させるようにするといった方法が考えられます。

　いずれにしても技能は教え込むのではなく，学習経験を通して子どもたちに育てていくことが大切です。そのためには，学習問題をしっかりつくって，その追究や解決のために観察・調査を行うということを子どもが意識できるように指導することが大切です。

フォーカス❸ 子どもの「能力や技能を育てる」授業
(6) 資料活用の技能を育てる

　社会科では，学年が上がるにつれて，それまでの観察・調査などの具体的・体験的な活動から，徐々に資料活用に比重が移っていきます。学習対象とする範囲が，身近な地域→市→県→国→世界などと広がっていき，見学・取材などが困難な面が出てくるからです。その代わりに「どのような意味（意義・課題）があるか」「どのような特色といえるか」「解決するにはどのような方法が考えられるか」などと，調べたことをもとにして考えたり，話し合ったりする活動が増えるようになります。その際に大切になるのが資料活用の技能です。社会科では，具体的な事実や情報をもとにして考えたり話し合ったりすることが大切だからです。

　資料活用には一般的に右のような流れがあります。

| ア　目的をもって資料を集める |
| イ　集めた資料から必要な情報を読み取る |
| ウ　読み取った情報を分類・選択・加工したり吟味したりする |
| エ　目的や自分の意図に基づいてまとめる |

　学習指導要領解説では，それらを以下のように例示しています。

●資料活用の技能の例示

	読み取り				収集，選択，再構成	
第3・4学年	資料から必要な情報を読み取る。	資料に表されている事柄の全体的な傾向をとらえる。			必要な資料を収集する。	
第5学年	同↓	同	複数の資料を関連付けて読み取る。		必要な資料を収集したり選択したりする。	資料を整理したり再構成したりする。
第6学年	資料から必要な情報を的確に読み取る。	同↓	同↓	資料の特徴に応じて読み取る。	必要な資料を収集・選択したり吟味したりする。	同↓

『小学校学習指導要領解説社会編』より　＊分類，矢印による簡略化は筆者

これらの技能は，始めから教え込むのではなく，学習経験を通して子どもたちに身につけさせていくことが大切です。そのためには，
・授業で使用する資料（教科書や副教材など）を事前に教師が読み取って，子どもに読み取らせる際のポイントを把握しておくこと
・統計などの資料については，読み取り方をそのつど指導すること
・常に学習問題や予想に立ち返り，その情報や資料の必要性を吟味させるようにすること
・授業の中で発揮される子どもの読み取り方や情報の整理の仕方を賞賛し，学級みんなのものにすること
・子どもの作品などを例に情報のまとめ方を具体的に指導すること
などを意図的に粘り強く行うことが大切です。例えば次のような場面です。

●第5学年
　○地図や地球儀，統計などの資料を活用してわが国の農業の特色や発展を考える場面
　　・情報の読み取り…地図やグラフなどから，農業や水産業の盛んな地域の分布を読み取る。（種類，生産量とその変化，交通網，気候　など）
　　・情報の選択…さまざまな農作業の中から「生産性の向上」に関するものを選び出す。
　　・情報の整理…情報を整理して農作業の手順をまとめる。（田おこし→苗作り　など）
　　・情報の再構成…「日本の農業の発展」についての自分の提案に関係する情報を集めてまとめる。（若い労働力，食料自給率，国の保護政策　など）
●第6学年
　○地図や年表，文書などの資料を活用して歴史的事象の様子を理解する場面
　　・情報の読み取り…地図から影響を与えた範囲を読み取る。（勢力の拡大　など）
　　・情報の選択…人物の業績の中から「社会の仕組みの改革」に関するものを選ぶ。複数の人物に共通する事項を選び出す。
　　・情報の整理，再構成…複数の武将の中で社会の変化にいちばん大きな役割を果たした人物を選び，業績をその証拠として整理して，レポートなどにまとめる。

　上記の例のように，資料活用の技能は「資料から必要な情報を集めて読み取ったりまとめたりする技能」です。「必要な」は「学習問題の追究・解決に必要な」と考えるとよいでしょう。したがって，学習問題をしっかりつくって，その追究・解決のために資料活用を行うということを意識させるよう指導することが大切です。
　また，もう一つの表現力である「調べてわかったことを表現する力」は，こうした資料活用の技能とともに育てることが大切です。

フォーカス❸ 子どもの「能力や技能を育てる」授業

(7) ICT[*8]を効果的に活用する　〜電子黒板の効果的な活用〜

　電子黒板（インタラクティブボード[*9]）それ自体が万能の機器というわけではなく，これまでバラバラに使っていた情報機器を束ねるという働きをもっています。具体的には大画面テレビ，パソコン，実物投影機，テレビカメラといった機器と黒板機能とを結びつけて，それらを組み合わせて使うことで，それぞれの機能が効果的に発揮されます。（もちろん電子黒板は機器メーカーの製品であるから，それ自体にインターネットなどの機能や学習用のソフトを有しているものもすでにあり，今後，ますます複合機としての機能が強化されていくものと予想できます。）したがって，これまで情報機器を使っていなかった先生方が，「手軽に」その効果を享受することができるようになるという点で大きな効果が期待できます。

　電子黒板で生かしたい機能は，次の5つにまとめることができます。

① **資料の拡大**…子どもの集中，意図的な部分拡大・焦点化による資料のていねいな読み取り，問題発見や考える場面の設定などが期待できる。
② **資料の加工**…資料や作品への書き込みや付箋等の添付，それらの消去が簡便にでき，考える過程や考えの修正がよく見える形で学習できる。
③ **情報収集**…インターネットを使った情報収集をリアルオンタイムで演示しながら教えることができる。事実や用語の意味を確かめながら学習できる。
④ **学習成果の保存・再生**…画面保存機能により，板書がそのまま保存できる。既習事項や学習経過を，振り返ったり確かめたりしながら学習でき，学習の連続性を意識させることができる。資料やワークシート等の学校財産としての蓄積もできる。
⑤ **子どもの活躍**…書き込み，作品提示など，子どもが活躍する機会が増える。「参加型黒板」としての可能性が期待できる。

　これら期待される効果を発揮させるには，電子黒板を使ってどのような授業をめざせばよいのでしょうか。5つ考えてみました。

① 子どもの問題発見力を高める授業へ

　資料の拡大には，教師の意図が必要不可欠です。資料から何を読み取らせるか，どの部分に着目させて疑問を引き出すかなど，教材研究と資料吟味を行い，子どもの問題発見力を高める授業を心がけていくことが大切です。

② 「考える」場面を大切にする授業へ

　ICTを活用すると小気味よいリズムで授業が進められます。しかし，それが必ずしも子どもたちに考える場面を保障していることにはなりません。授業の中で「事実を確かめる」場面と「意味などを考える」場面とを意図的に分けて，情報を絞ってじっくりと考えさせることが大切です。

③ 振り返りを大切にする授業へ

　保存・再生を使えば，「振り返る」場面が充実します。前時の内容確認で何がわかり何が疑問に残ったかを想起させる，「はじめはこうであったけど，学習してこんなことに気づいたね」「こんなふうに考えが深まったね」などと，子どもの意見や考えの変容に気づかせるなど，効果的に振り返る場面を設定することが大切です。

④ ほんとうの意味の子ども主体の授業へ

　子どもが前に出て自分の作品を発表するだけでは，子ども主体の授業とはいえません。子ども自らの問いや予想，学習計画があり，自力で問題解決するための試行錯誤が行われる，聞き手となる子どもたちが互いにかかわり合い，考えを深め合ってこそ子どもの主体の授業となります。聞き手の参加を重視した学び合いの学習スタイルが大切になります。

⑤ 従来の黒板との使い分けを

　電子黒板だけに頼ると学習の全体像が見えづらくなってしまうという課題があります。従来の黒板との併用の仕方を考えましょう。黒板には，授業の全体像が見えるよう学んだ経過や学習のまとめを書く。電子黒板は「資料を詳しく読み取る」「問いを引き出す」「考える」場面での集中的な使い方をする。など使い分けの方法の検討が必要です。従来のノートとタブレットの使い分けの方法も新たな課題です。

フォーカス❸ 子どもの「能力や技能を育てる」授業

(8) ICTを効果的に活用する　〜協同的な学びのツールとして〜

　ICT活用の研究は，現在，子ども同士の学び合いのためのツールとして研究が進められています。例えば，子ども一人が1台の情報端末をもって学習するための指導法や，その効果，影響などを研究しています。子ども一人が1台の情報端末をもつことの効果は，以下の2つが考えられます。

● 「学びのイノベーション事業」　　　　　　　　　　　　（文部科学省の資料より）

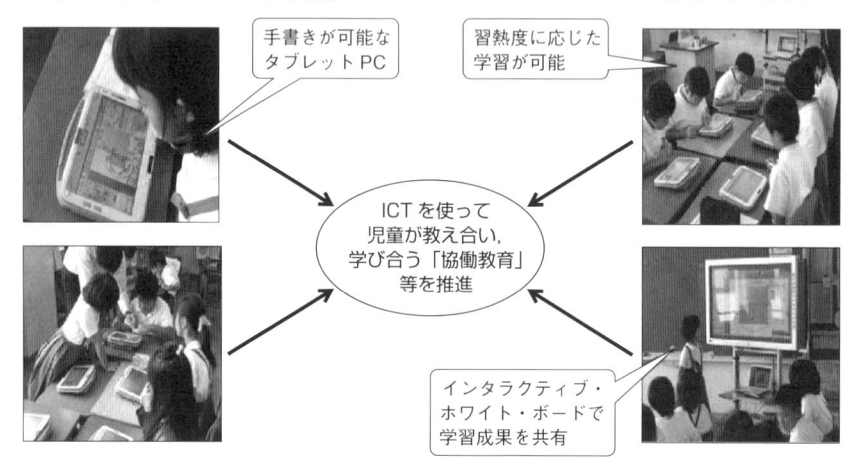

手書きが可能なタブレットPC

習熟度に応じた学習が可能

ICTを使って児童が教え合い，学び合う「協働教育」等を推進

インタラクティブ・ホワイト・ボードで学習成果を共有

① **個別学習の充実**…子どもたち一人一人の能力や特性に応じた学習を支援すること

　例えば，自分の疑問について詳しく調べたり，自分に合った速度で学習することを容易にします。自分の学習履歴を振り返りながら学習を進めることもできます。

　社会科においては，次のような活動が想定されます。

　　ア　小テストの繰り返しなどで基礎的な知識の習得や定着を図る。
　　イ　手軽にインターネットや辞典機能を活用して，自分で調べる。
　　ウ　資料を収集・加工したり，イラストを加えたりしながら，自分なりの学習のまとめ（作品等）を構成する。

　とくにイとウは，資料活用の技能，広くは情報活用能力の育成につながるものであり，こうした活動が広がれば社会科の役割はより大きくなります。

その一方で，子ども一人一人の学習状況の把握が教師の課題となります。

② 協働*10型・双方型の授業づくり…コンピュータ上のコミュニケーションツールを使って，子ども同士の学び合いを促す学習を支援すること

例えば，グループに1台あるいは一人1台の情報端末をもって，自分（たち）の調べたことや考えたことをまとめます。それを教師の電子黒板に送信して一覧表示します。一覧された事実や考えを，教師と子どもで分類して，動かしたり色わけしたりして整理しながら，調べる事柄を明確にしたりわかったことをまとめたりしていく。そんなイメージです。

右の写真は，ソフトを使って，調べた情報を学級全体で整理・再構成する授業の様子です。子どもたちは，各自がノートに集めた情報の中から要点のみを簡潔にまとめ，重要な事実をキーワードなどでPC上に整理しています。ほかの子どもが

●新宿区立四谷小学校の事例より

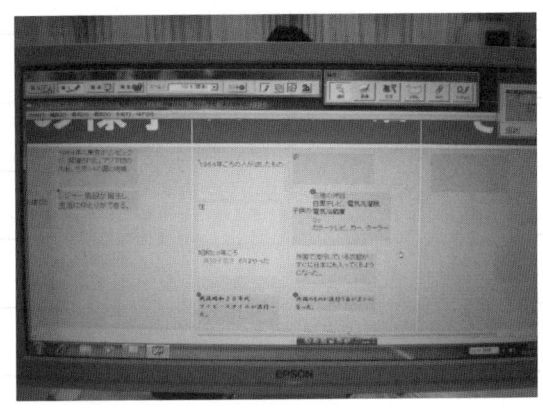

まとめている様子がリアルオンタイムで見える点が特徴です。

こうした方法により「毎時間の学習のまとめ」を共有し，意見交流する際の材料にすることができます。「重要（と考える）な事実は青字」「感想は赤字」などと学級できまり事を決めておけば，情報の整理がしやすくなります。カテゴリーで分類したり，観点を整理したりする際には効果的です。これまで時間がかかっていたことが簡便にできるようになります。

一方で，ICTはソフトも含めて「始めにありき」ではありません。上記の例では「調べたことや互いの考えの一覧や交流を簡便かつ継続的に行い，言語活動を活性化する」と目的を明確化しています。直接話し合ったほうが効果的な場合には使用しないなど，ツールとして使いこなすことを今後も研究していきたいものです。

実践事例から学ぶ

事例3 「子どもの『能力や技能を育てる』授業」の事例

1．小単元名　第3学年「〇〇市の様子」(全10時間)
2．小単元の目標
　自分たちの住む市の様子について，観察・調査したり資料を活用したりPCソフトを活用して地図上にまとめたりして調べ，市の様子は場所によって違いがあることを考えようとする。　**ポイント1**

3．小単元の評価規準

社会的事象への関心・意欲・態度	① 市の特色ある地形，土地利用の様子，おもな公共施設の場所と働き，古くから残る建造物などについて関心をもち，意欲的に調べている。 ② 市の特色やよさを考えようとしている。
社会的な思考・判断・表現	① 市の様子について，学習問題や予想，学習計画を考え表現している。 ② 土地利用の様子を地形的な条件や社会的な条件と関連づけたり，分布の様子を相互に関連づけたりして，地域の様子は場所によって違いがあることを考え，説明している。　**ポイント2**
観察・資料活用の技能	① 観点に基づいて観察や聞き取り調査をしたり，地図や写真などの資料を活用したりして，市の様子について必要な情報を集め，読み取っている。 ② 調べたことをおもな地図記号や四方位などを用いてPC地図作品にまとめている。
社会的事象についての知識・理解	① 市の特色ある地形，土地利用の様子，おもな公共施設の場所と働き，古くから残る建造物の場所と様子について理解している。 ② 地域の様子は場所によって違いがあることを理解している。

4．教材の構造

〈解釈すること〉(社会的事象の相互の関連)

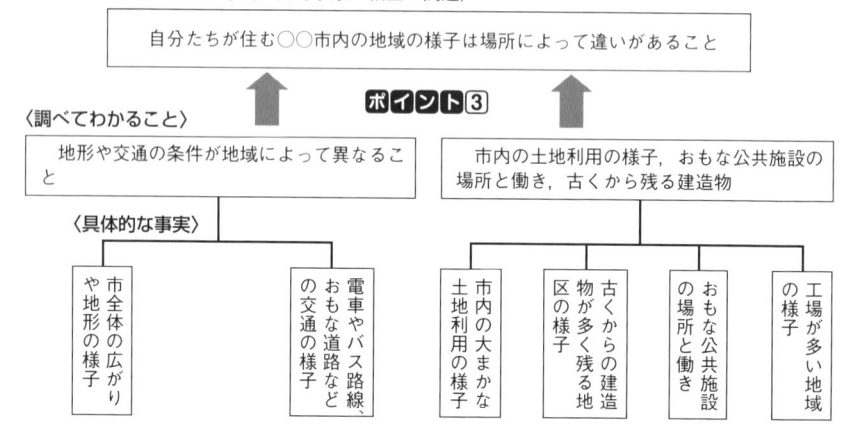

自分たちが住む〇〇市内の地域の様子は場所によって違いがあること

ポイント3

〈調べてわかること〉

| 地形や交通の条件が地域によって異なること | 市内の土地利用の様子，おもな公共施設の場所と働き，古くから残る建造物 |

〈具体的な事実〉

- 市全体の広がりや地形の様子
- 電車やバス路線，おもな道路などの交通の様子
- 市内の大まかな土地利用の様子
- 古くからの建造物が多く残る地区の様子
- おもな公共施設の場所と働き
- 工場が多い地域の様子

>>> **ポイント①** 調べたことを地図上に整理する技能の育成

　この小単元では，調べたことを地図上に整理してまとめる技能を育てることが大切です。「たくさんある」「～のほうに多い」と観察・調査したことを地図上に整理することにより，「集まっている」「広がっている」などと分布の様子をとらえることができるようになるからです。社会的事象の空間的な見方を養うことになります。また，事例ではPC地図ソフトを活用しています。このことにより，地図記号や方位記号などを簡便に取り込むことができ，読図や情報整理の技能を身につけて活用する機会が設定できます。

>>> **ポイント②** 条件と関連づけて考える力の育成

　目標にある「市の様子は場所によって違いがあることを考えるようにする」を実現するポイントは，この評価規準にあります。地域の様子を地形的な条件（土地の高低，坂，海や川沿いなど）や社会的な条件（交通の様子，人々の集まる場所など）と関連づけることにより，違いを考えることができるようになるからです。そのためには，子どもたちが調べてまとめたことをもとに「なぜここに○○が広がっているのか」「市役所がここにあるとどのように便利なのか」といった発問が大切になります。そして，自分なりに関連づけて考えたことを説明させるようにします。調べたことを発表するだけに終わってしまうと，特色や意味などを考える力，考えたことを表現する力は育ちません。学習経験で育てます。

>>> **ポイント③** 教材構造の把握

　事例の教材構造の図では，左側に地形的な条件や社会的な条件がまとめられ，右側に具体的な事象の様子が並べられています。この左右を関連づけて学習を進める構造として読み取ることができます。

　教師がこのように意図することにより，子どもがそれぞれの地域の様子を調べることに終始せずに，常に市全体と部分との関係，社会的事象相互の関連や社会的事象と条件との関連を考えながら学習を進めることができるようになります。本事例は，「観察・資料活用の技能」と「社会的な思考・判断・表現」との密接な関連を意識して，小単元全体を通して具体的な事実や情報からどのような意味を読み取ることができるかを問いにして構成しています。

5．学習展開　（○番号は「第○時」を表す）

	おもな学習活動・内容	・指導上の留意点，【評価規準】
つかむ	①市内の航空写真を見て気づいたことを発表する。 ・建物が多い，大きな駅がある，住宅地が…など ②市内全体の地図や各地域の写真と自分たちの学校の周りの様子とを比べ，学習問題につなげる。 ・ターミナル駅の周辺は大きな建物が多い。 ・たくさんの車や人が行き来している。　など 　わたしたちが住む○○市にはどのような地域があるのだろう ③調べる場所を決めて，調べる視点と方法を話し合う。 〔観点〕交通の様子とお店や人々の様子 　　　　公共施設の種類と市内の位置，周辺の交通， 　　　　田畑，住宅地と地形　など　**ポイント①** 〔方法〕地図や副読本，地域の写真で調べる。 　　　　見学，観察して記録する。 　　　　PCコミュニケーションソフトで他校の先生や子どもたちに質問する。　など	・区全体を概観するためにインターネットの航空写真・地図を使い，ズームイン・ズームアウトをしながら関心を高める。【関―①】 ・学校の周りの様子の学習を参考に地域による違いを予想させるようにする。 ・学校の周りの学習で学んだことを想起させ，地形条件や社会的条件との関係で調べる計画を考えるようにする。【思―①】 ・必要な情報の集め方を考えさせる。 ・他校との情報連携を事前に教師間で打ち合わせておく。
調べる	④地図や副読本，地域の写真を活用して調べる。 ・ターミナル駅の周りの地域　・工場が多い地域 ・住宅地が広がる地域 ・古い家並みの地域　など ⑤⑥市内巡りを行い，気づいたことやわかったことを記録する。 ⑦PC地図（各自で調べたことを書き込むことにより全体地図にまとめられていく）ソフトを使って，市全体の様子をまとめていく。　**ポイント②** ⑧PCコミュニケーションソフトを使って，さらに知りたいことや疑問について，市内の他校の先生や子どもたちとボード上で情報交換する。	・学習カードに自分の視点と予想を書いてから調べるようにする。【技―①】 ・グループごとにデジタルカメラで必要な情報を撮影させる。 ・PC地図ソフト上に調べたことや写真を貼り付けてまとめ，さらに他校からの情報を書き加えるようにする。【技―②】【知―②】
まとめる	⑨みんなでまとめたPC地図作品を電子黒板に映しながら，市の特色を話し合う。　**ポイント③** 　わたしたちが住む○○市にはどのようなよさがあるのだろう ⑩自分たちの住む市のよさを考えて発表する。	・各自にノートパソコンを配布し，作品を見ながら特色をノートに文でまとめて発表させるようにする。【思―②】 ・他校の子どもたちに自分の考えを伝える。【関―②】

>>> ポイント① 調べる視点の設定

「何を調べるか」については、調べる観点ともいいますが、この小単元では、前小単元「学校の周りの様子」で身につけた「観察・調査の技能」を生かすことが大切です。学んだことを生かせば、○○を社会的な条件（交通の様子）と関係づけて調べる、○○を地形的な条件と関係づけて調べるといった調べ方が可能になります。事例では、それを視点と呼び「～と～」という項目を設定しています。調べる方法については既習のものを生かすとともに、調べる範囲が学校の周りよりも広くなるので、地図や写真などを多く使うようにすることが必要です。事例では、「他校の先生に聞く」という学校間連携の方法を工夫しています。人に聞くという方法も今後の学習で大切な方法になります。

>>> ポイント② PCソフトの活用

事例では、2つのPCソフトを活用しています。1つは地図ソフトです。「学校の周りの様子」は手作り地図も可能ですが、市の様子となるとそうはいきません。市販の白地図などが必要になります。その際、PCソフトは、さまざまな加工ができるので便利です。地図記号を添付していくこともできます。事例では、個々の調べた結果を書き込むことで全体の地図が出来上がっていくように工夫しています。また、コミュニケーションソフトも使っています。他の人と掲示板のように情報交換・共有ができるものです。距離の離れた他校からの情報も一緒に学習しているかのように共有できます。ICTの活用はこうした分野ではとても効果的です。

>>> ポイント③ 特色やよさを考える「学習のまとめ」

小単元の学習をまとめる場面は、子どもの思考力が育つ大切な場面です。事例では、まず調べたことを社会的な条件や地形的な条件と関連づけて、市内のおもな地域ごとの特色を説明させるようにしています。この内容で大切なことは、市全体の特色を簡単な言葉でまとめるのではなく、調べた事実を根拠にして市内の地域ごとの特色を考える（解釈する）ことです。そのことが「地域の様子は場所によって違いがあること」を考えることになります。

また、最後に「市のよさ」を考えるよう発問しています。その答えは、一人一人の子どもによって異なることが予想されます。共通理解ではなく一人一人の関心や態度につながるこの発問によって、学年目標にある「地域社会に対する誇りと愛情を育てるようにする」ことにつなげようとしています。

6．学習の実際

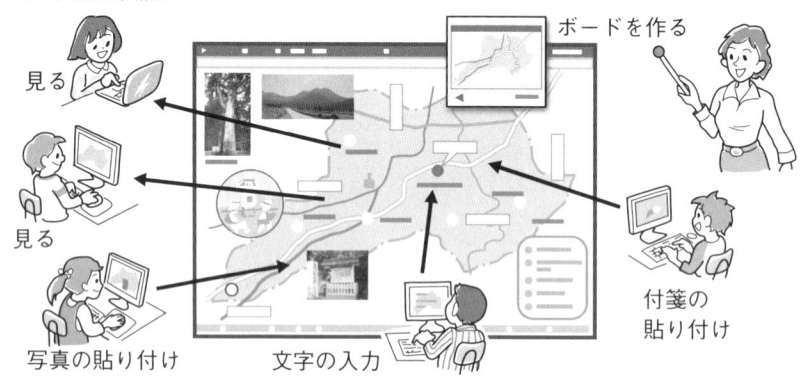

① PC 地図ソフトを使った作品作りのイメージ

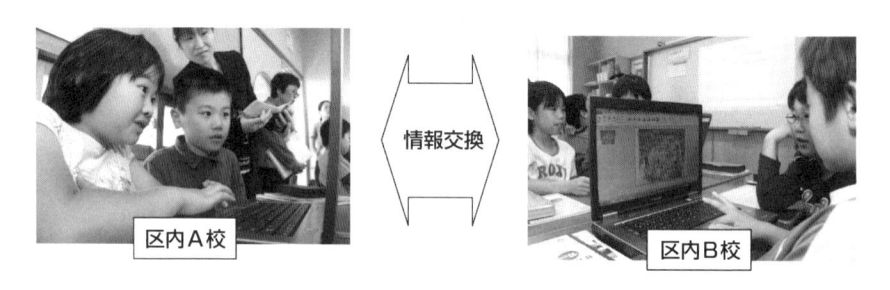

② PC コミュニケーションソフトを使った学校間の交流の様子（第8時）

区内の学校間で同じ画面を見ながら，情報のやり取りをする。相手の学校に必要な情報を求めたり，相手が必要とする情報を提供したりする。

> (A児)
> 　わたしたちの住んでいる○○市は，地域によってまちの様子がちがいます。例えば，市の北側には，木や畑が多く，住宅地が広がっています。駅からバスを使って会社に通う人がたくさんいます。南側には小さな印刷工場がたくさんあります。それで道路には品物を運ぶトラックがたくさん行き来していました。西側の方には，図書館や児童館など，みんなが使うたて物がいくつかありました。そばにはバス停がたくさんありました。市内のどこに住む人もバスに乗ってくるのだと思います。市の中心に位置する○○駅のまわりは，大きな道路ぞいにお店や会社がたくさんあり，買い物や会社に行く人がたくさん行き来していました。
> 　市全体で見ると北と西の方は静かで落ち着いていて，中心から南の方は人や車が多くにぎやかです。○○駅のまわりに人がたくさんいるのは，電車でほかの市の人も来たり通ったりするからです。

③ 子どもの記述例（第9時）

>>> ポイント① 読図や情報整理の技能を育てる

　白地図にまとめる作業は，読図（地図上の情報を読み取ること）の技能と情報整理の技能（白地図上に情報を整理してまとめること）の技能を育てます。前小単元「学校の周りの様子」で学区域の白地図を配りそこに手書きで情報をまとめていったのに対し，本小単元（事例）ではPC地図ソフトを活用する方法をとっています。こうしたソフトは，写真や説明を書いた付箋を貼り付けることが簡便にでき，また修正も容易です。何度も修正しながら作成していくことが，技能を育てる大切な学習経験になります。

　また，まとめの作品が出来上がっていく様子をみんなで見ながら，多様な情報を相談し整理しながら盛り込んでいきます。このことは，情報を選択・吟味する技能を養うことにつながります。

>>> ポイント② 情報収集の技能を育てる

　ICTの活用は，①「教師の指導用ツール」→②「子どもの調べ学習用ツール」→③「子ども同士の協働的な学びのツール」と，その目的が広がっています。事例では，③の目的を視野に入れて，PCコミュニケーションソフトを使って子ども同士が離れた場所での情報交換を行っています。こうしたソフトの活用は，まだ十分な実践とその成果の検証が行われていませんが，これからの学校教育において子どもたちに育てる技能になることは間違いありません。場所が離れていても同じ内容の学習をしていることに目を向け，相互メリット方式で行う連携授業も増えてくることと思います。だれに何を聞けばよいか，自分はどんな情報が必要かを見きわめる情報収集の技能が育つことと思います。

>>> ポイント③ 条件と関連づけて特色を考える力を育てる

　③は子どもが「市の様子は場所によって違いがあること」を考えてまとめた文です。ただ違うことを説明するだけでなく，違いの理由を社会的な条件と関連づけていることがわかります。例えば，「工場が多いからトラックが行き来する」「どこからでも来ることができるように公共施設のそばにはバス停が多い」「駅は他地域の来訪者や通過者がいるので人が多い」ことなどを説明している記述です。条件と関連づけて地域の特色を考える力が育っていることがわかります。

＊本事例は東京都新宿区立四谷小学校の北中啓勝教諭の実践をもとに筆者が本書の意図に沿って加筆・修正したものです。

ズームアップ ❷ これからの社会科 授業改善のフォーカス

フォーカス❹
子どもの「社会的な見方や考え方が成長する」授業

(1) 社会的な見方や考え方*11 とは

　学習指導要領の改訂に先だって示された中央教育審議会答申，またそれを受けて改訂された学習指導要領において，「社会的な見方や考え方」という言葉が以下のように度々登場します。

- **中央教育審議会答申「社会科，地理歴史科，公民科の改善の基本方針」**
　社会科，地理歴史科，公民科においては，その課題を踏まえ，小学校，中学校及び高等学校を通じて，社会的事象に関心をもって多面的・多角的に考察し，公正に判断する能力と態度を養い，社会的な見方や考え方を成長させることを一層重視する方向で改善を図る。
- **小学校学習指導要領解説社会編（上記の説明部分より）**
　この基本方針の中では，児童生徒が社会的事象に関心をもって進んでかかわり，児童生徒の発達の段階に応じて，それらの意味や働きを多面的・多角的に考え，公正に判断できるようにするとともに，児童生徒一人一人に社会的な見方や考え方が次第に養われるようにすることを一層求めている。
- **小学校学習指導要領社会「第3　指導計画の作成と内容の取扱い」**
　各学年の指導については，児童の発達の段階を考慮し社会的事象を公正に判断できるようにするとともに，個々の児童に社会的な見方や考え方が養われるようにすること。
　〇児童一人一人に社会的な見方や考え方が養われるよう
　　・社会的事象を比較・関連付け・総合して見たり考えたり
　　・社会的事象を空間的，時間的に理解したり
　　・公正に判断したり多面的にとらえたりできるようにすることが大切である。
　〇そのためには，児童一人一人が
　　・社会的事象を具体的に観察・調査したり
　　・地図や地球儀，統計，年表などの各種の基礎的資料を効果的に活用したり
　　・調べたことや考えたことを表現したりできるように
　問題解決的な学習や体験的な学習，表現活動などを工夫する必要がある。
- **小学校学習指導要領解説社会編（公民的資質の基礎の説明部分より）**
　〇このように小学校社会科では（中略）地域社会や我が国の国土，歴史などに対する理解と愛情を深めることを通して，社会的な見方や考え方を養い，そこで身に付けた知識，概念や技能などを活用し，よりよい社会の形成に参画する資質や能力の基礎を培うことを重視している。
　〇児童一人一人に公民的資質の基礎を養うためには，社会科の学習指導において，地域社会や我が国の国土，産業，歴史などに対する理解と愛情を育て，社会的な見方や考え方を養うとともに，問題解決的な学習を一層充実させ，よりよい社会の形成に参画する資質や能力の基礎を培うことを一層重視することが大切である。

これらの記述から「社会的な見方や考え方」についてわかることは次のことです。

> ① 児童生徒一人一人に養われるものである。
> ② 小学校，中学校および高等学校それぞれの段階を通じてしだいに養われるものである。
> ③ 社会的事象に関心をもって多面的・多角的に考察し，公正に判断するという方向性をもって成長するものである。（社会的事象を比較・関連づけ・総合して見たり考えたり，社会的事象を空間的，時間的に理解したり，公正に判断したり多面的にとらえたりできるようにすることで養われるものである。）
> ④ 観察・調査，資料活用，思考・判断・表現の活動（言語活動），体験活動などによって構成される「問題解決的な学習」を重視することで養われるものである。

　このように整理すると，社会的な見方や考え方は短時間で拙速に養うことよりも児童生徒一人一人の成長していく過程を大切にすべきものであることがわかります。また，関心，思考・判断・表現，資料活用，理解と，観点別学習状況評価の４観点すべてにかかわる大きな概念の学力，あるいは学力というよりも「公民的資質の基礎」「よりよい社会の形成に参画する資質や能力の基礎」といったほうがよいかもしれません。言いかえれば，よりより社会の形成に参画する資質や能力の基礎を培うためには，１時間ごと，１単元ごとの内容の理解にとどまらずに，一人一人の子どもに社会的な見方や考え方を養うことが必要であるということになります。

　しかし，そうはいっても漠然としすぎていて，実際にどのような授業改善を行えばよいかがわかりません。そこで，次ページ以降で，もう少し踏み込んで考えてみたいと思います。

　小学校学習指導要領解説社会編には，社会的な見方や考え方について，前ページ以上の詳しい記述はありません。これから明らかにしていく必要がある「研究課題」といってよいでしょう。そこで，「小学校，中学校及び高等学校を通じて」という言葉に着目して，中学校や高等学校の学習指導要領の記述を見てみましょう。

フォーカス❹ 子どもの「社会的な見方や考え方が成長する」授業

(2) 社会的な見方や考え方を養う——社会的事象の見方に着目して

●**中学校学習指導要領解説社会編**　　　　　（＊筆者が一部要約および下線）
○地理的分野（地理的な見方や考え方）
　地理的な見方と地理的な考え方は相互に深い関係があり，本来は地理的な見方や考え方として一体的にとらえるものである。しかし，あえて<u>学習の過程を考慮して</u>整理すれば，
・地理的な見方…日本や世界にみられる諸事象を位置や空間的な広がりとのかかわりで<u>地理的事象として見いだすこと</u>
「どこに，どのようなものが，どのように広がっているか」
　　＊地理的事象を距離や空間的な配置に留意して規則性や傾向性をとらえること
・地理的な考え方…それらの事象を地域という枠組みの中で<u>考察すること</u>
「<u>なぜ</u>そこでそのようにみられるのか」「<u>なぜ</u>そのように分布したり移り変わったりするのか」
　　＊地理的事象（中略）を成り立たせている背景や<u>要因</u>を地域という枠組みの中で地域の環境条件や他地域との結び付きなどと人間の営みに着目して追究し，とらえること
○公民的分野「現代社会をとらえる見方や考え方」
　人間は本来社会的存在であることに着目させ，（中略）現代社会をとらえる見方や考え方の基礎として，対立と合意，効率と公正などについて理解させる。
（説明）たとえば政治的な活動や経済的な活動などをとらえ説明するための<u>概念的枠組み</u>である見方や考え方の基礎を養うことをねらいとしている。
　　「よりよい決定の仕方とはどのようなものか」「<u>なぜ</u>決まりが作られるのか」「わたしたちにとってきまりとは何だろうか」
　などといった<u>問いを追究・考察して見方や考え方の基礎を身に付ける</u>。

上記の中学校学習指導要領解説社会編の記述内容からは，社会的な見方や考え方を養うためのヒントを次の2点で見いだすことができます。

---

① 「社会的な見方や考え方」は，社会的事象の意味や特色を「どのような」「なぜ」と追究・考察する際に使われるものである。

② 「社会的な見方や考え方」は，概念的枠組みが基礎となって養われるものである。

小学校社会科の例で考えてみましょう。

次ページの表は，小学校学習指導要領社会の第3学年および第4学年の内容を抜粋して表に整理したものです。このように学習指導要領には①

●第3学年および第4学年

	調べる対象	考えるようにすること
(1) 自分たちの住んでいる身近な地域や市（区,町,村）	ア　特色ある地形，土地利用の様子，主な公共施設などの場所と働き，交通の様子，古くから残る建造物	地域の様子は場所によって違いがあること
(3) 地域の人々にとって必要な飲料水，電気，ガスの確保や廃棄物の処理	ア　飲料水，電気，ガスの確保や廃棄物の処理と自分たちの生活とのかかわり イ　これらの対策や事業は計画的，協力的に進められていること	地域の人々の健康な生活や良好な生活環境の維持と向上に役立っていること
(5) 地域の人々の生活	ア　古くから残る暮らしにかかわる道具，それらを使っていたころの暮らしの様子	人々の生活の変化

（小学校学習指導要領社会　第3学年及び第4学年の内容の一部抜粋）

「調べる対象」と②「考えるようにすること」（解釈の方向）が明示されています。

　社会科は，社会的事象について「見えるもの（様子や事実）」の理解をもとにして「見えないもの（特色や意味）」を考える（解釈する）教科といわれます。「見えるもの」と「見えないもの」の間をつなぐのが「社会的事象の見方」です。

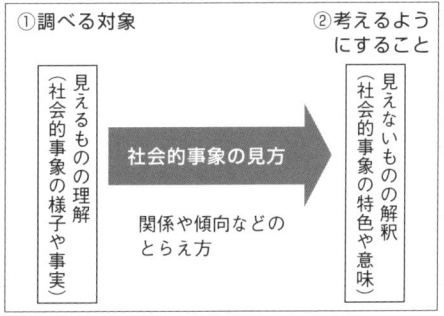

①調べる対象　　　　　②考えるようにすること
（見えるものの理解　　　　　　　（見えないものの解釈
（社会的事象の　　　　　　　　　（社会的事象の
様子や事実）　　→　　特色や意味）
　　　　社会的事象の見方
　　　　関係や傾向などのとらえ方

例えば内容(1)で「市内の路線網の様子」を調べ，a「A駅を中心に放射状に路線が広がっている」という様子や事実から，b「A駅はターミナル駅だから駅周辺には人が多い」と解釈したとします。あるいはc「A駅の周りには大きなお店が集まっている」という様子や事実から，d「A駅のある地域は中心地で発展している」と解釈したとします。この場合，a→bでは「人や物が集まる場所は交通の結節点と関係がある（のではないか）」という見方や考え方が，c→dでは「人が集まることとまちの発展は関係がある（のではないか）」という見方がそれぞれ使われたことになります。これらは社会的事象のつながりや広がりを見る空間的な見方でもあります。

　社会的事象の見方を養う際に大切なのは以下の2つの問いかけです。

ア　事実や様子の理解にとどめずに見方として使うようにする問いかけ
　イ　振り返って見方として養われるようにする問いかけ

　例えばa, cの事実や様子の理解に対して「A駅の周りはどのような地域であるか」という問いかけがないとb, dには向かいません。また, 振り返り「なぜそういえるか」という問いかけがないと, 先の2つの見方の必要性に子どもは気づきません。こうした問いは, 子どもによっては自問自答している場合もあります。しかし, 社会的事象の見方が一人一人に養われるようにするには, 教師が上記のように特色を考えさせる問いかけ, その理由を説明させる問いかけを用意することが大切です。

　内容(3)では「飲料水確保のための計画的・協力的な対策や事業」を調べ, ダムや浄水場, 水道局の人々の働きの様子や事実を理解したら, そこから「なぜそのような工夫や努力が必要なのか」「わたしたちの生活とどのような関係があるか」などと問いかけます。「公共のための事業は常にその地域の非常事態に備えて連携・協力している（のではないか）」「人々の生活の安定とライフラインの確保は密接な関係がある（のではないか）」という見方が養われます。これは社会的事象の関係的な見方ともいえます。

　内容(5)では, 「昔の人々も知恵を生かして生活していた」「道具はだんだん便利になってきた」と様子や事実を理解したら, 「それぞれの時代の道具に込められた願いは何か」「人々はなぜ道具を発達させてきたのか」と問いかけます。「人々の生活向上への願いや努力のうえにいまの社会がある（のではないか）」「人々はいつも課題を解決して生活を向上させてきた（のではないか）」という見方が養われます。これは社会的事象の時間的な見方ともいえます。

　学習指導要領の「内容の取扱い」には, 「法やきまり」「資源の有効な利用」「価格や費用」など, その内容において大切になる社会的事象の見方の具体例が示されているものもあります。こうした記述にも注目が必要です。詳しくは, 126～144ページを参照してください。

　養われるという意味は, ほかの社会的事象を見るときにも, その特色や意味などを追究する過程で, 子どもが予想などに使えるように身につける

ということです。(のではないか)としているのはそのことを表しています。
　また，学習指導要領の各学年の「調べる対象」を見ると，「協力」「連携」「受け継いできた」「計画的，協力的」「工夫や努力」「生活」など「人々の働きや営み」にかかわる文言が多く登場します。社会的事象の見方の多くは，社会的事象の様子や意味を人々の働きや営みを通して読み解く際の「見方」でもあるといえます。人々の働きや営みはどのようなもので，その背景や目的は何か，その働きや営みは自然環境や人々の社会生活にとってどのような意味，価値があるかなどを問うようにすることが大切になります。このことは，第5学年，第6学年の「考えるようにする」内容に，「役立っている」「密接な関連がある」「大きな影響を及ぼしている」「重要な役割を果たしている」「大切な働きをしている」などの記述が多いことからもわかります。
　人間の働きや営みを関係的に見る，地図などを使って空間的に見る，また年表などを使って時間的に見るようにすることで，中学校の社会科で養われる社会的な見方や考え方につながります。
　以上をまとめると，次のようにとらえることができます。

○小学校ではまず学習指導要領に示されている内容をもとにして，「社会的事象の見方を養う」ことを意識する。その際，関係的，時間的，空間的な見方を大切にする。また，内容の取扱いに示されている例示にも注目する。
○「なぜ～」「どのような（に）～」という問いかけを重視し，子どもが見方として使い，また振り返って見方として養われるようにする。
○人々の働きや営みの背景や目的は何か，その働きや営みは自然環境や人々の社会生活にとってどのような意味，価値があるかなどを問うようにする。

　社会的事象の見方は，学習する社会的事象によって異なると考えられるので，一覧に整理したり段階をつけて説明したりしづらいものです。教材研究（解釈）を行い，学習問題や発問を重視し，子ども一人一人の中に養われるようにしていくことが大切です。

フォーカス❹ 子どもの「社会的な見方や考え方が成長する」授業

(3) 社会的な見方や考え方が成長する
——社会の一員としての広い視野からの考え方に着目して

●高等学校学習指導要領解説公民編　　　（＊筆者が一部要約および下線）

　～とりわけ「政治・経済」においては，<u>自ら考え，判断し行動できる資質や能力の基礎として見方や考え方を深める</u>ことに重点を置いた学習が必要となる。

　　＊この見方や考え方は中学校社会科公民的分野でその基礎が養われ，高等学校では「政治・経済」において，（中略）現代社会の諸課題を考察させることによって<u>見方や考え方を吟味し，さらに深化，発展させる</u>ようになっている。

　上記は高等学校学習指導要領解説公民編の記述内容の一部です。「小学校，中学校及び高等学校を通じて」社会的な見方や考え方を成長させる，その手立てを考えるヒントがあります。ここに，中央教育審議会答申「社会科，地理歴史科，公民科の改善の基本方針」の「社会的事象に関心をもって多面的・多角的に考察し，公正に判断する能力と態度を養い，社会的な見方や考え方を成長させることを一層重視する」という文言を重ねると，

---

① 社会的な見方や考え方が「成長する」とは，子どもが互いの見方や考え方を比べたりつなげたりして，社会的事象の特色や意味を多面的に問いかけ，総合的にとらえたり公正に判断したりするようになることである。

② 社会的な見方や考え方は，現実的な課題などについて考察したり，互いの見方や考え方を吟味したりするよう指導することで，成長させることができる。

ということがわかってきます。

　小学校学習指導要領社会では，よりよい社会の形成に参画する資質や能力の基礎を培うことを重視して，新たに必要となる内容が加えられたり内容の再構成が図られたりしました。その解説には，次ページの表に整理したように「地域の人々（の協力）」「国民一人一人」「自分（たち）も」といった文言が数多く登場します。

● 小学校学習指導要領解説において「社会の一員」としての成長を求めている記述

	学習内容	学習指導要領解説の記述　（＊筆者により抜粋）
第3・4学年	健康な生活や良好な生活環境を守る諸活動	・資源・エネルギー問題に関心をもち、自らも節水や節電に協力しようとする態度を育てる。 ・環境保全に対する意識を高め、自らも協力しようとする態度を育てる。
	地域の安全を守る諸活動	・地域の人々の安全は互いに協力したり共に助け合ったりして守ること、自分も地域社会の一員として自分の安全は自分で守ることが大切であることに気付くようにする。
	地域の開発に尽くした先人の苦心	・自分たちも地域の伝統や文化を受け継いでいく一人であるという意識を養い、参加意欲を高める。
第5学年	国土の環境と国民生活の関連	・公害の問題を自分自身や自分の生活とのかかわりでとらえることにより、公害から国民の健康や生活環境の維持・改善に配慮した行動が求められるなど、国民一人一人の協力が必要であることに気付くようにする。 ・環境保全のためには国民一人一人の協力が必要であることや、自然災害が起こりやすい我が国においては、日ごろから防災に関する情報に関心をもつなど、国民一人一人の防災意識を高めることが大切であることに気付くようにする。
	情報産業、情報化した社会と国民生活の関連	・様々な情報に対し適切に判断し、望ましい行動をしようとする能力や態度を身に付けること。 ・情報の送り手として、発信する情報に責任をもつことが大切であることにも触れるようにする。
第6学年	我が国の歴史上の主な事象	・歴史的事象と関連の深い国宝、重要文化財、世界文化遺産などを取り上げ、…（中略）我が国の伝統や文化を大切にしようとする態度を育てる。
	世界の中の日本	・我が国や諸外国の伝統や文化を尊重しようとする態度を養う。

　また、小学校社会科の内容は、学年が上がるにつれて、「地域の一員としてのわたしたち」→「国民としてのわたしたち」→「国際社会の中のわたしたち（日本人）」といったように社会の一員としての視野が広がっていくことを期待して構成されています。

　社会的な見方や考え方には、このようにしだいに視野を広げたり他の見方と比べたりすることで、社会的事象の特色や意味を多面的、総合的にとらえるようになる面があると考えられます。これは「社会の一員としての考え方」が成長していくことでもあります。

　また、社会的な見方や考え方をよりよい社会の形成に参画する資質や能力の基礎として位置づければ、「よりよい公共社会の一員として」「持続可能な社会をめざす一員として」などと、よりよい社会の形成に向かう方向が、これからの社会的な見方や考え方として求められることになります。

　ただし冒頭に述べたように、発達の段階や内容に応じて子どもに負担がかかりすぎないよう配慮する必要があります。

このように見てくると，11ページにある図は，小学校社会科において養われる社会的な見方や考え方の大きな枠組みとして，以下のようにとらえ直すことができそうです。

●社会的事象の相互のつながりで社会は成り立っていること
(1) 社会的事象の成立には自然環境などさまざまな条件が関連している
(2) 社会はさまざまな立場の人々が連携・協力することで成り立っている
(3) 社会には役割やルールがあり，それぞれが責任を果たしている　など

●社会的事象はわたしたちの生活とかかわっていること
(1) 社会的事象の働きが，わたしたちの生活を支えている
(2) 社会的事象は，わたしたちの生活に影響を与えている
(3) わたしたちから社会的事象にかかわることが大切である（★）　など

小学校社会科で養われる社会的な見方や考え方の構造

社会的事象のつながり

社会的事象

環境・条件
人々の連携・相互理解
役割・ルール

社会的事象　　社会的事象

わたしたちの生活とのかかわり

人間の営みや働き

変化・発展

●社会的事象の背景には人々の工夫や努力，願い，文化や習慣などがあること
(1) 人々の工夫や努力が社会的事象を支えている
(2) 人々の願いが社会的事象を支えている
(3) 人々の努力や願いは受け継がれてきている
(4) 異なる文化や習慣を理解し合うことが大切である（★）　など

●社会は人々の働きにより変化・発展するものであること
(1) いまある社会は過去の人々の働きによりつくられた
(2) 人々はいつも課題を解決し，社会を発展させようと努力している
(3) これからは持続，発展，公共などよりよい社会のあり方を考えていくことが大切である（★）　など

（★）は社会の一員としての広い視野からの考え方，その他は社会的事象の見方

フォーカス❹ 子どもの「社会的な見方や考え方が成長する」授業

(4) 子どもの「社会的な見方や考え方」が成長する授業

ここまでの記述をもとにすると，子どもの社会的な見方や考え方が成長する授業改善の方法を以下のように考えることができます。

① 教材研究を以下の図式で行う
　ア　学習指導要領の「調べる対象」をもとにして社会的事象の様子や具体的な事実(人々の働きや営みなど)を洗い出す。
　イ　社会的事象の様子や具体的な事実からその特色や意味を明確にする。
　ウ　上記アとイをつなぐ問い「なぜ」「どのように(な)」により，養いたい社会的事象の見方を想定する。

```
              何のために理解するのか
見えるもの                          見えないものの
(社会的事象     →  社会的事象  →   解釈(社会的
や事実)          の見方            事象の意味
の理解                              や特色)
社会的事象                          社会的事象
の様子                              の意味
              どんな特色や意味に向かうのか
```

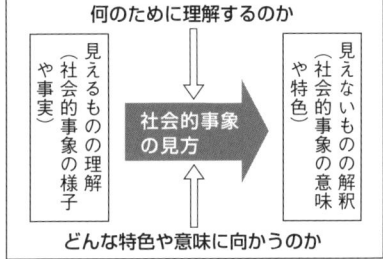

② 新たな問いを設定する
　ア　「なぜ」「どのように(な)」という問いを，社会的事象の特色や意味を考える場面で設定し(発問し)子どもに社会的事象の見方が養われるようにする。
　イ　養われた社会的事象に対する見方だけでは解決できない新たな問い(実社会)に出合うようにする(事実を提示する，あらためて学習問題を振り返る，学習問題を再設定するなど)。
　ウ　「～であるのになぜ」「ほんとうに～だろうか」などと，子どもの考える筋道がつながるように展開し，話合い活動につなげる。

●新たな問いを生み出す問題解決的な学習の構想

```
「なぜ」       →  「なぜ～しているかわかった」
「どのように」  →  「どのように～しているかわかった」

    ①社会的事象の見方を養う
    ┌─────────────────────────┐
    │ 問題 → 追究 → 解決     │
    └─────────────────────────┘
           社会的事象の様子や意味の理解
           ↓新たな問い
                    社会的事象の意味の理解の深まり
                    社会的事象への関心の高まり

●わかったようで実際にはそ        ②社会の一員としての広い視野からの考え方が成長する
　うではない現実があった。       ┌──────────────────────────────┐
●これからみんなでどのよう        │ 問題 → 追究 → 解決(検討)   │
　にしていけばよいのか。         └──────────────────────────────┘
●自分にかかわることとして        「～であるのになぜ」「どっちが～」
　考えるとどうか。　など         「本当に～だろうか」「もしも～だったら」
                                 「このままでよいか」「だれがどうすれば～」「わたしたちには～」
```

③ 単元・小単元の後半や終末に話合い活動を設定する
　ア　子どもが互いの考えや社会的事象の見方を比べたり吟味し合ったりして社会的事象の意味を多面的に問いかけ総合的にとらえる話合い活動を重視する。
　イ　「未来のよりよい発展」や「より現実的な課題」について，社会の一員として話し合うようにする。「～の立場から考えると」「みんなにとって」など，視野を広げたり合意形成に向かったり，公正に判断したりする方向をめざす。

前ページの3つの方法について，第5学年「自動車工業の盛んな地域」の小単元の学習を例にして考えてみます。

① **教材研究**

教師が教材研究を通して，その単元・小単元で養いたい社会的事象の見方を想定する方法です。例えば，社会的事象の様子や具体的な事実を以下のように想定してみます。

> a　自動車の組立工場は，海沿いや高速道路のインターチェンジのそばなどに多い。
> b　自動車の組立工場の仕組みは，オートメーション化された流れ作業にロボットやコンピュータなどを駆使して多種類の仕様車をつくり分けている。
> c　自動車工業は，組立工場以外にたくさんの部品の関連工場が結びついている。
> d　自動車工場で働く人々は，役割を分担したり時間で交代したりしながら，正確につくる努力をしている。
> e　自動車工場で働く人々は，消費者のニーズや環境エネルギーなどの社会的ニーズに応えるよう研究開発している。
> f　自動車工場で生産された自動車は，運輸や貿易などにより国内や外国などのさまざまな地域に大量に出荷され消費者に届けられる。

これらは「○○は…である」という理解事項でもあります。社会的事象の特色や意味を明確にするとは，何のために「○○は…である」ことを学ぶのかを考えてみることです。例えば，

> a…自動車工場の立地を運輸や貿易と関連づけて見るようにするため
> b…自動車工業を日本の工業の高度な技術の結集として見るようにするため
> c…自動車生産を関連工場の連携・協力の結果として見るようにするため
> d，e…自動車生産を従事する人々の工夫・努力の結果として見るようにするため
> f…自動車工業と国民生活（わたしたちの生活）とを関連づけて見るようにするため

学習指導要領の内容をもとにしてこのように考えたとすれば，これらが小単元を通して養いたい自動車工業（生産）という社会的事象の見方になります。大きく括ると，協力・連携や工夫・努力など人々の働きの結果として見る関係的な見方や空間的な見方になります。
　a「なぜ海沿いや高速道路のインターチェンジのそばに集まっているのか」，c「組立工場と部品工場はどのように結びついているか」などと問うことにより，子どもから具体的な言葉で社会的事象の見方が引き出されます。a，b，cは社会的事象の特色の解釈，d，e，fは社会的事象の意味の解釈に向かう見方です。

② 新たな問いの設定
　「～がわかった」で終わりにせずに，そこから新たな問いが生まれる展開を構想する方法です。「～はどうすればよいか」「どっちが大切か」「あなたは何ができるか」といった問いは，いきなり設定されても子どもにとってはむずかしいものです。しかし，「学んだことをもとにして」ということならできるものも多くあります。「～であるのに」「ほんとうに～か」など，子ども自身の問いや考える道筋がつながるように展開することが大切です。
　そうした新たな問いの設定にあたっては，学習指導要領の目標や内容を見据えることが大切です。例えば，第5学年の目標には「産業の発展に関心をもつようにする」と書かれています。ここに注目すれば「これから日本の優れた工業技術はどのように生かされていくのだろう」「現地生産が広がることのよさと課題はなんだろう」などと工業の未来に向けた新たな問いの設定が考えられます。また，学習指導要領の内容(3)の記述「国民生活を支える重要な役割を果たしていることを考えるようにする」に着目すれば「工業の発展でわたしたちの暮らしはどう変わるのだろう」などと学習したことを振り返って自分たちの生活とのかかわりを考える問いの設定も考えられます。大切なことは，学習指導要領の目標の実現や内容の理解につながることを視野に入れた問いを設定することです。そうすれば，拙速に「あなたにできることは」「これからあなたはどうするか」と個人と

しての子どもの行動実践としての答えを求めるのではなく、実際の社会的事象をもとにして社会のあり方を考えていく学習になります。

③ 話合い活動の設定

　①②を踏まえて、単元の後半あるいは終末に「未来のよりよい発展」「より現実的な課題」などについて話し合う場面を設定する方法です。「これからも○○祭りを続けていくには何が必要か」「ごみ問題を少しでも解決するためには、だれがどのような努力をすればよいか」など、学んだことをもとにしての話合いです。ただ一つの結論はなく、いくつかの視点や立場に気づきながら、互いの考えや社会的事象の見方を比べたり吟味し合ったりする話合いになります。徐々に視野を広げ、社会の一員としての考え方を、子どもたち自身が導き出すようにする教師のリードも大切になります。

　こうした話合い活動は、設定された問いの内容にもよりますが、必ずしも多くの時間を使わなくても効果はあります。例えば、あらためて単元・小単元の学習問題「どんな工夫や努力で自動車がつくられているのか」を振り返った後に、「では、これからの自動車生産にはどんな工夫や努力がよりいっそう大切になるか」などと問いかけます。子どもたちは、学んだことを生かして、環境とエネルギー消費、高齢化と安全性、高度技術と多機能、大量生産と低価格などを相互に結びつけながら自分の考えを説明することが想定されます。単元・小単元の終末の１時間などに設定するこうした学習でも、社会的事象の見方を生かし、社会の現実的な課題と自動車生産を関連づけて考える社会の一員としての考え方が視野を広げて成長していく姿が見られることと思います。

　以上、これらの方法は、そのすべてをすべての単元・内容でというわけにはいかないことが考えられます。学年の段階や内容に応じて教師が意図的・計画的に構想すればよいものです。また、これらも一例にすぎず、他にも方法や手立ては多様にあると考えられますので、先に述べたとおり今後の研究課題としてみてください。

| 資　料 | 小中学校社会科の学習指導要領改訂の共通事項 |

① 基礎的・基本的な知識，概念や技能の習得

小学校	○地図帳や地球儀の活用を重視した。 ○47都道府県の名称と位置，世界の主な大陸や海洋，主な国の名称と位置などを内容に加えた。 ○自分たちの住む県（都，道，府）の位置，世界の中での我が国の位置及び領土をとらえることができるようにした。
中学校	【地理的分野】 ○世界と日本の地域構成の基本的な枠組みに関する基礎的な知識や，球面上の位置関係などをとらえる技能を確実に身に付けさせるようにした。 ○世界と日本の諸地域の地域的特色について学ぶ地誌的な学習を充実させて，世界と日本の地理的認識をより一層養うことができるようにした。 【歴史的分野】 ○我が国の歴史の大きな流れの理解を一層重視して，学習内容を構造化・焦点化して示した。 ○各時代の特色をとらえる学習を新設したことや，すべての中項目の文言表現を共通にしたことによって，各事項の学習を通してより大きな歴史の流れを理解するように学習内容の構造化を図るとともに，各項目において理解させるべき学習の焦点を明示するようにした。 【公民的分野】 ○現代社会の理解を一層深めることを重視して，人間は本来社会的存在であることを踏まえ，社会生活における物事の決定の仕方やきまりの意義について考え，現代社会をとらえるための見方や考え方の基礎として，対立と合意，効率と公正などについて理解する学習を取り入れた。

② 言語活動の充実

小学校	○観察・調査したり，各種の資料から必要な情報を集めて読み取ったりしたことを的確に記録し，比較・関連付け・総合しながら再構成する学習や考えたことを自分の言葉でまとめ伝え合うことによりお互いの考えを深めていく学習の充実を図るようにした。
中学校	【地理的分野】 ○地図の読図や作図などの学習を通して思考力や表現力等の育成を図るようにした。 ○世界の様々な地域や身近な地域の調査において，地図を有効に活用して事象を説明したり，自分の解釈を加えて論述したり，意見交換したりするなどの学習活動を充実させることとした。 【歴史的分野】 ○学習した内容を活用してその時代を大観し表現する活動や，各時代における変革の特色を考えて時代の転換の様子をとらえる学習などを通じて，歴史的事象について考察・判断しその成果を自分の言葉で表現する学習を行うようにした。 【公民的分野】 ○習得した知識，概念や技能を活用して，社会的事象について考えたことを説明したり，自分の考えをまとめて論述したり，議論などを通して考えを深めたりすることを重視した。

③ 新たな教育課題への対応と社会参画

小学校	○我が国の歴史や文化を大切にし，日本人としての自覚をもつようにするとともに，持続可能な社会の実現など，よりよい社会の形成に参画する資質や能力の基礎を培うことを重視して改善を図った。 ○伝統や文化に関する内容や法及び経済に関する基礎となる内容の充実を図るとともに，情報通信に関する内容について改善を図る。環境保全，防災及び伝統や文化，景観，産物などの地域資源の保護・活用などの観点を重視して再構成した。
中学校	【地理的分野】 ○身近な地域の調査で，生徒が生活している地域の課題を見いだし，地域社会の形成に参画してその発展に努力しようとする態度を養うようにした。 【歴史的分野】 ○身近な地域の歴史を調べる活動などにおいて，受け継がれてきた伝統や文化への関心を高めるようにした。 【公民的分野】 ○現代社会における文化の意義や影響を理解するとともに，我が国の伝統と文化に関心をもち，文化の継承と創造の意義に気づくようにした。 ○社会科のまとめとして，持続可能な社会を形成するという観点から，社会的な課題を探究し自分の考えをまとめる学習を行うようにした。

実践事例から学ぶ

事例4 「子どもの『社会的な見方や考え方が成長する』授業」の事例

1．小単元名　第5学年「情報を発信するメディア」（全8時間）
2．小単元の目標　ポイント①

　放送（新聞）などのマスメディアを活用した情報産業と国民生活とのかかわりについて，資料やインターネットを活用したり関係者から聞き取ったりして調べて，マスメディアの働きやそれを通して送り出された情報が国民生活に大きな影響を及ぼしていることがわかり，情報産業の発展に関心をもつとともに情報の有効な活用が大切であることを考えるようにする。

3．小単元の評価規準

社会的事象への関心・意欲・態度	① 放送（新聞）などを通して情報を提供している産業と国民生活とのかかわりについて，関心をもって意欲的に調べている。 ② 情報産業の発展に関心をもち，情報を有効に活用することの大切さを考えようとしている。
社会的な思考・判断・表現	① 放送（新聞）などを通して情報を提供している産業と国民生活とのかかわりについて，学習問題や予想，調べる計画を考えて表現している。 ② 情報と国民生活とを関連づけて，受け手の影響や正しい判断の必要性，送り手の意図や責任などについて考え適切に表現している。　ポイント②
観察・資料活用の技能	① インターネットを活用したり関係者から聞き取ったりして，必要な情報を集め，読み取っている。 ② 調べたことを学習カードや作品にまとめている。
社会的事象についての知識・理解	① 放送（新聞）などの産業と国民生活とのかかわりを理解している。 ② 情報化の進展は国民の生活に大きな影響を及ぼしていることや情報の有効な活用を考えようとしている。

4．教材の構造　ポイント③

〈解釈すること〉（社会的事象の相互の関連）

　マスメディアによるさまざまな工夫や努力により発信された情報は，国民生活に大きな影響を及ぼしていることや有効活用が大切であること

〈調べてわかること〉
（つながり・かかわり）

　マスメディアから送り出された情報は自分たちの生活と深いかかわりがあること

（人々の働き）

　マスメディアは，ニーズに合わせて，速く正確にわかりやすい情報を届けていること

〈具体的な事実〉

- 生活を活用する場面
- 生活の中で情報
- 情報を必要とする場面と活用の仕方
- 震災時の情報の重要性
- デマや誤情報による生活や社会への影響
- 送らない工夫
- 震災を風化させない放送
- 伸びるためのニーズに応える工夫
- 震災後の生きのびるための放送
- 震災後の生き残るための放送
- 震災直後の生き残るための放送
- 石巻日日新聞社の手書き壁新聞

>>> ポイント① 目標に込める意図

　社会的な見方や考え方は，目標や評価規準の記述には登場しません。それをすると目標や評価が複雑になってしまうからです。ではどう考えればよいか。事例から学べる点は，目標の記述の仕方です。「マスメディアの働きやそれを通して送り出された情報が国民生活に大きな影響を及ぼしていることがわかり」という部分で「社会的事象の見方」が養われることを，「情報産業の発展に関心をもつとともに情報の有効な活用が大切であることを考えるようにする」という部分で「社会の一員としての広い視野からの考え方」が成長するように意図しているのです。

　社会的な見方や考え方は，このように目標の奥に隠された教師の意図としてもっていることが大切です。

>>> ポイント②「社会的な思考・判断・表現」の評価規準の重視

　社会的な見方や考え方を養うためには，「社会的な思考・判断・表現」の評価規準で，社会的事象をどんな見方で見るようにするか，どんな立場から考えるようにするかといったことを想定することが大切です。事例では，「情報の送り手には意図がありその行為は責任を伴う」「情報の受け手は情報から影響を受けるので判断が必要である」といった見方を情報の送り手と受け手との「関係的な見方」として養おうと意図していることがわかります。

　この見方を子どもが使うようにするためには，授業において「なぜ送り手にはこのような工夫や努力が必要なのか」「わたしたちはどのように情報を受け止めればよいか」などといった問いが必要になります。

>>> ポイント③ 教材化の研究

　事例では，学習指導要領に示されている調べる対象「ア　放送，新聞などの産業と国民生活とのかかわり」を「マスメディアから送り出された情報は自分たちの生活と深いかかわりがあること」と「マスメディアは，ニーズに合わせて，速く正確にわかりやすい情報を届けていること」の２つの内容に分けて構成し，送り手と受け手の両側からの見方を意図的に養おうとしています。両方の立場から情報を見ることにより，マスメディアから送り出される情報という社会的事象の見方が確かになることをねらっているのです。それらの見方を使って，意図や責任，影響や判断についての社会の一員としての広い視野からの考え方が成長するように意図していることがわかります。

5．学習展開　（○番号は「第○時」を表す）

	おもな学習活動・内容	・指導上の留意点，【評価規準】
つかむ	①身の回りのさまざまな情報とその活用について話し合う。 ・さまざまなメディアと活用場面を話し合う。 ・情報を必要とする場面と活用について話し合う。 ・東日本大震災のときに情報が不足したことや，必要であった人々がたくさんいたことを紹介する。 ②東日本大震災時に地元放送局が，どのように伝えているのか学習問題をつくり，学習計画を立てる。 　　メディアは，情報を伝えるために，どのような取組みをしているのだろう	・活用場面と一緒に考えさせる。 ・東日本大震災時に情報の重要性を実感した経験を思い出させる。【関—①】　**ポイント1** ・当時の放送や新聞記事などをもとに東日本大震災時にメディアは何を伝えていたのか思い出させる。【思—①】 ・学習問題に対して，これまでの学習や自分の経験をもとに予想を立てさせる。
調べる	③東日本大震災発生直後の放送の様子や発信側の思いや願いについて調べる。 　　発生直後はどのような思いで放送しているのだろう ・生き残るため放送　　　　　　　**ポイント2** ④発生後の生活を支える放送の様子や発信側の思いや願いについて調べる。 　　時間がたつとともにどのような思いで放送しているのだろう ・生きのびるための放送 ⑤発生後，数カ月たったときの放送の様子や発信側の思いや願いについて調べる。 　　数カ月たったとき，どのような思いで放送を続けているのだろう ・ともに復興に向けて歩んでいく放送 ・忘れない，風化させない放送	・地元放送局のDVDを視聴させ，地震直後の発信側の思いをとらえさせる。 ・地元放送局の方の話から，地震後の発信側の思いや工夫をとらえさせる。 ・地元放送局の番組を視聴させ，復興に向けた発信側の思いや取組みをとらえさせる。【技—①】【知—①】 ・放送局が，ニーズに合わせて情報を発信していることを調べ，時間の流れの中での変化を読み取らせテレビの情報が生活を支えていることをとらえさせる。【思—②】【技—②】
まとめる	⑥デマや誤情報による混乱の様子を調べ，情報を発信する側の役割や責任と受け取る側の正しい判断の必要性について話し合い，図と文でまとめる。 ⑦石巻日日新聞社の壁新聞発行の意味を考える。 　　なぜ被災した石巻日日新聞社の人々が，壁新聞を発行することができたのだろう　**ポイント3** ・6枚の壁新聞をもとにした話合い ⑧これまでの学習をもとに，これからどのようにテレビや新聞などの情報を活用すればいいのか話し合う。	・受け手への影響や正しい判断の必要性を考えさせ，情報と自分たちのかかわりを図にまとめさせる。【思—②】 ・手書きの壁新聞を発行した意味を考え，発信側の役割や責任，使命感について考えまとめさせる。【関—②】【知—②】 ・発信側，受け取り側の両者の立場から情報の活用について，根拠を示して自分の考えをまとめさせる。

ポイント① 受け手の側からのマスメディア情報の見方

　情報の大切さや人々にとっての必要性を，東日本大震災が発生したときの状況を思い起こしたり想像したりしながら考えさせています。この活動が，受け手の側からのマスメディア情報の見方の土台になります。すなわち人々はマスメディア情報から大きな影響を受けているという見方です。実際の授業では，「なぜ情報が必要だったのか」「どのように情報は生かされたのか」という発問によって，子どもたちがこの見方を使って説明ができるようになります。子どもたちは，「安全に行動するため」「離ればなれの家族の安否を知るため，再会するため」「生きのびるため」などと，情報の受け手の切実な思いを想像しながら，影響の大きさを考えるようになります。

ポイント② 送り手の側からのマスメディア情報の見方

　事例では，次に情報の送り手の思いや願いを考えさせるようにしています。人の思いや願いは，まずは想像することから考えるしかありませんから，子どもたちは「きっと生き残ってほしいと願っていたのではないか」「なんとかして正しい情報を速く伝えようと思っていたのではないか」などと発言します。それらについて，「なぜそう予想するのか」と問いかけることで，子どもは自分の発言を振り返り，情報の送り手には意図（この場合には思いや願い）があるという見方を生かした発言が出てくるようになります。事例では，その思いや願いが時間的な経過とともに明確に変わっていることをとらえて，送り手の意図の存在をより鮮明に伝えようとしています。

ポイント③ 社会の一員としての考え方の成長

　ここまでの学習で子どもに養われた２つの見方「人々はマスメディアの情報から大きな影響を受けている」「情報の送り手には意図（思いや願い）がある」を使って考える新たな事実に出合います。被災した石巻日日新聞社が，輪転機も何もない状況の中で，紙とペンだけを使い，印刷工場の輪転機を借りて壁新聞を刷り情報を伝えたという事実です。「なぜそんなことができたか」という問いにより，意図（思いや願い），影響という枠組みを超えたもの，すなわち情報の送り手の責任や使命感という見方を，子どもの中から生み出すようにしています。すなわち，意見が対立する話合いがなくても情報の価値や伝える仕事の存在意義を共感的にとらえることによって社会の一員としての広い視野からの考え方が成長することを意図しているのです。

6．学習の実際

仙台放送局の方（アナウンサー）の話
　わたしは，発生の第1報を伝えました。伝えているわたし自身も「信じられない」「何が起きているのだろう」「おそろしい」と感じていました。そんな気持ちのまま映像を見ながら，放送を続けました。
　そのときの気持ちは，ただ，ただ，「逃げてほしい」「一人でもいいから助かってほしい」という思いでうったえ続けました。地震が起きたら，テレビをつける。だからこそ，あの津波の映像を見れば，逃げてくれる，だからこそ，まずは必死で避難を呼びかけました。地震発生直後は，とにかく一人でも多く生き残ってほしい，そういう強い思いで，『生き残るためのよびかけ』を行いました。

① 第3時に使った資料

② 配布した壁新聞（第7時）

＊①，③は教師が取材して自作したもの

石巻日日新聞の方の話
　石巻日日新聞も今回の震災で印刷設備が水につかり，電気，ガス，水道なども破壊され，印刷，発行ができなくなりました。この石巻では，大勢の方が家を流され，大勢の方がひ難所にいる。大勢の方が「何が起きて，自分たちがどういう状況にあるのか」知りたがっている。ひ害にあった地域の方々が，情報を求めている。「いま，伝えなければ，地域の新聞社なんか存在する意味がない」，紙とペンさえあれば，情報を届けられる。それで，手書きの壁新聞を発行することに決めました。
　そのときのわたしたちは，「地元住民に，正確な情報を届けたい」「地域の人たちから必要とされる情報を，きちんと選び，しっかり伝えること」それが，われわれが存在する意味だと，改めて実感しました。
　取材は，自分たちの市内をまわり，話を聞き，集めました。大変でしたが，「いま，ひ災者に情報を届けなければ」「ひ災者がほしい情報を，正確にとどけなければ」という気持ちでいっぱいでした。

③ 第7時に使った資料

　わたしは，「紙とペンだけではどうにもならない，ただ大変になるだけだ」と思っていました。でも，石巻日日新聞の方々は，「紙とペンさえあればなんとかなる。いま，伝えなければ，地域の新聞社なんて存在する意味がない」という強い思いでやっていたのですごいと思いました。しかも，「地域住民に，はやく正確な情報を届けたい。地域の人たちがいま必要な情報をきちんと選び，しっかり伝える」それが自分たちの存在する意味だと言っている。新聞社の自分たちもひ害にあって大変なのに，使命感を大切にして，「みんなに希望をもってほしい」そんな思いで新聞をつくり続けていたんだと思い，わたしもいま何かできることをしたいと強く思いました。
　仙台放送では，映像を使って情報を伝えていますが，石巻日日新聞では，電気が使えないため手書きの新聞を出すことで，そのときに必要な情報を，はやく，正確に伝えています。方法は違うけれど，伝え方や伝えていることは同じです。
　いろいろな伝え方があることがわかりました。仙台放送局も石巻日日新聞社も使命感や責任感をもって情報を伝えていることがわかりました。

④ 子どもの学習のまとめ（第8時）

>>> **ポイント①** 子どもの予想を裏づける資料

　①と③は，子どもが情報の送り手の意図を予想した後で，その裏づけとして子どもが活用する資料を，教師が取材によって作成したものです。①ではアナウンサーの切実な思いから，情報の送り手としての意図を確認することができます。③では「地域の新聞社が存在する意味」「われわれが存在する意味」という言葉によって，子どもの「働く人々は責任感や使命感によって活動する」という社会の一員としての考え方を裏づけています。一人一人の子どもに社会的な見方や考え方を養うためには，自分（たち）の使った見方は正しかった，有効だったという実感を味わわせることが大切です。

>>> **ポイント②** 子どもの社会的な見方や考え方が成長する話合い

　実際の壁新聞を縮小したもの（②）を配布して，子ども同士が話し合う活動を設定しています。子どもたちは壁新聞の内容をもとに「こんなに少ない情報では役に立たないのではないか」「いやとても貴重だと考えたんだ」「人々を勇気づけようとしている」「この情報を知ることで安心する人がたくさんいたはず」「この情報は歩いて回って集めたんだ」などと情報の送り手と受け手の両側からの見方を交えて話し合います。

　そして「なぜ被災した石巻日日新聞社の人々が，壁新聞を発行することができたのだろう」という問いの答えを「責任感」「使命感」という言葉でまとめます。情報の送り手として新聞社の人々の行為に共感し，自ら社会の一員としての考え方を成長させていきます。

>>> **ポイント③** 社会の一員としての考え方の成長

　④は学習後の子どもの反応です。新聞社の人々の考えや行為に共感して，「わたしもいま何かできることをしたい」と表現しています。また別の子どもは次のようにまとめています。「（前略）振り返ってみると『生き残るための放送』『生きのびるための放送』も自分たちの使命を全うしていると思う。こういうことをするのは，報道という仕事に大きなほこりをもっているからだと思う。ぼくも大人になったら，自分の仕事にほこりをもち，その仕事が人々に与える影響を考えて，自分の役割を全うできるような人になりたいとこの学習を通して思うことができた。（後略）」学習を通して社会の一員としての考え方が成長している様子がうかがえます。

＊本事例は東京学芸大学附属小金井小学校の小倉勝登教諭の実践をもとに筆者が本書の意図に沿って加筆・修正したものです。

ズームアップ ❷ これからの社会科授業改善のフォーカス

フォーカス❺
教師が「指導と評価を一体化させる」授業

(1) 評価の基本的な考え方を把握する

① 評価の目的は

学習評価の目的は，大きくは2つあります。

・評価したことを指導に生かす

毎時間の授業において，子どものその時点での学習状況をとらえてその後の指導に生かすこと，あるいは教師が授業改善に生かし，そのことを通して一人一人の子どもの学力を高めるという目的です。このことが評価の目的の基本です。学力を高めることが第一の目的ですから，観点別にして分析的に子どもの学力を見取るのです。このことは，学校全体としてとらえれば，子どもたちの評価結果を学校の教育課程や指導方針の改善に生かすということにもつながります。この場合，すべての評価場面で必ずしも記録に残す必要はありません。

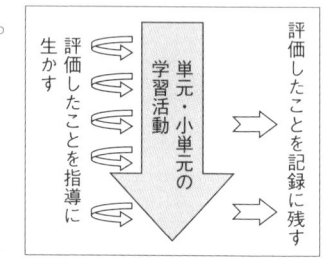

・指導したことを記録に残す

子どもがどの程度の学力を身につけたかを学習成果として記録するという目的です。具体的な作業としては，法律で定められている表簿である「児童指導要録」や，各学校で作成している「通知表」等に記載するための評価資料の収集になります。

評価結果を指導に生かすことが基本であるとしても，その内容に関する学習が終わってしまう，学期が終わってしまう，学年が終わってしまうなど，実際の授業を考えると「節目」があります。ずっと生かし続けることはできません。したがって，記録に残すための評価資料を収集する必要があります。その際，すべての子どもたちから「指導した結果としての評価資料」を確実に集めることのできる場面を絞って評価することが大切です。

② 目標に準拠した評価とは

目標に準拠した評価の「目標」とは，学習指導要領に定める目標で，それに準拠して行う評価のことです。実際に子どもの学習状況を評価する際には，学習指導要領に定める目標や内容を踏まえた単元あるいは小単元の目標となります。

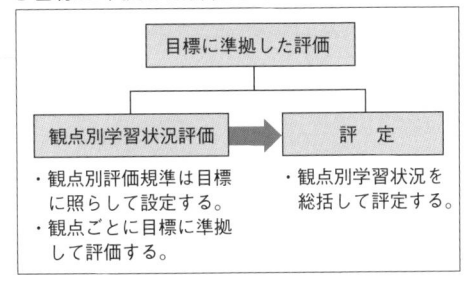

●目標に準拠した評価とは

```
        目標に準拠した評価
         ┌──────┴──────┐
    観点別学習状況評価      評　定
・観点別評価規準は目標   ・観点別学習状況を
 に照らして設定する。     総括して評定する。
・観点ごとに目標に準拠
 して評価する。
```

「学級または学年における位置づけを評価する」相対評価[*12]と区別するために「絶対評価」と呼ばれることもあります。

③ 観点別学習状況評価とは

観点別学習状況評価とは，目標に準拠した評価を確実に行うために，子どもに育つ学力を分析的に見る観点を決めて行う評価のことです。平成4年度から「関心・意欲・態度」「思考・判断・表現」「技能」「知識・理解」の4観点をまず各教科共通の基本形としたうえで，各教科の目標構造や教科特性を踏まえて修正を加えています（国語は5観点，生活科は3観点など）。また，目標に照らしてその実現状況を記録する際には，集めた評価資料をもとに観点別に総括し，「十分満足できる」状況と判断されるものをA，「おおむね満足できる」状況と判断されるものをB，「努力を要する」と判断されるものをCと判断する方法がとられます。

④ 評定とは

観点別に評価した結果を基本的な要素として，各教科の目標に照らして，その実現状況を総括的に評価するのが「評定」です。この段階でも「十分満足できる」状況と判断されるものを3，「おおむね満足できる」状況と判断されるものを2，「努力を要する」と判断されるものを1のように区別する方法がとられます。観点別に評価した結果（A，B，C）をどういう計算等を通して評定（3，2，1）に導くか，その方法については各学校が定めることになっています。この作業は年度末の指導要録に記載するまでに行います。

フォーカス❺ 教師が「指導と評価を一体化させる」授業

(2)「社会的事象への関心・意欲・態度」で評価する

社会科の評価の観点は平成23年度から右のようになりました。ここでは、観点ごとの評価のポイントを確認します。

●観点別学習状況評価における社会科の4観点

○社会的事象への関心・意欲・態度
○社会的な思考・判断・表現
○観察・資料活用の技能
○社会的事象についての知識・理解

まず、「社会的事象への関心・意欲・態度」の観点での評価のポイントです。この観点は、学習内容としての社会的事象への関心、追究意欲、学んだ成果を社会生活等に生かそうとする態度を身につけているかどうか評価する観点です。この観点で評価する際には、以下の4点がポイントになります。

●「社会的事象への関心・意欲・態度」の観点の趣旨

社会的事象に関心をもち、それを意欲的に調べ、社会の一員として自覚をもってよりよい社会を考えようとする。

①「社会的事象へ関心」を評価する

学習の導入段階やその後の追究段階では、個々の社会的事象（例えば「稲作の様子」など）への関心が考えられます。「意欲」につながる関心といえます。学習が進むと、個々の社会的事象を関連づけて社会的事象の意味や特色（稲作に従事している人々が工夫して

●「関心・意欲・態度」の相互関係

学習内容（社会的事象）への **関心**　　　調べる活動（研究活動）での **意欲**

↓

学んだことをもとに社会の一員として自覚をもって、よりよい社会を考えようとする姿勢
（社会に対する願い、かかわろうとする思いなど）
態度

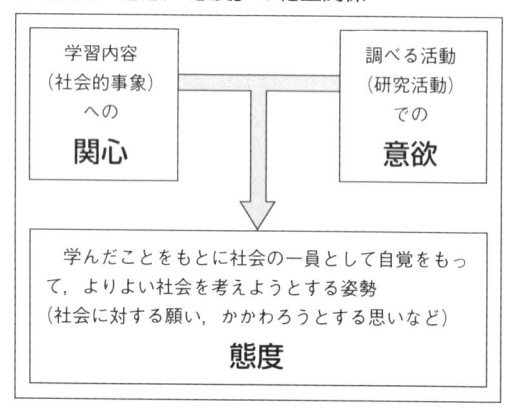

生産している意味など）を考える学習になっていくので、関心の対象は広がります。最後には「農業生産が国民生活に果たす役割の大切さ」とか「農

業のこれからの発展」などへと関心の対象が変わっていくことも考えられます。これは「態度」につながる関心ともいえます。
② 「考えようとする」姿勢等を評価する
　授業の中で評価すべき「学んだ成果を社会生活等に生かそうとする態度」は必ずしも「行動や実践」を促すものではなく「考えようとする姿勢」が大切であり，これを「社会的な態度」として評価します。「わたしたち国民の食生活を支えているのだから，若い人たちが参加して農業を発展させてほしい」「食料自給率を高めるためには，一人一人が食生活を見直し日本の産業を守る気持ちが必要だ」など，学習したことを生かして「未来」や「実社会」に向けた願い，自分もかかわろうとする思いなどが表現されたとき，それを「社会的な態度」として評価します。
③ 「意欲」は多様な評価方法を意図する
　「意欲」は「学習意欲，追究意欲」を意味しており，評価しやすい場面は，具体的な作業や体験的な活動を行っている場面，自力で資料などを活用しながら調べている場面など，子どもが主体性を発揮している学習場面です。意欲は，記述や発言の内容，活動や行動の観察など，多様な方法で評価することが大切です。子どもの作品等を評価する際には，行動観察結果などを加味して評価する方法がよいでしょう。その際，発言回数などの表面的な状況にとらわれないように心がけましょう。
④ 他の観点と併せたり関連づけたりする評価方法も工夫する
　「社会的事象への関心・意欲・態度」の観点は，単独で評価することが困難な場合もあります。そこで，他の観点と同じ場面で評価する方法も効果的です。例えば，調べる場面では「観察・資料活用の技能」と，話し合う場面では「思考・判断・表現」と併せて，それぞれ評価する方法が考えられます。また，「態度」の観点を重視して評価する際には，どのような知識・理解に基づいているか，どのように思考・判断した結果なのかなど，他の観点との関連を見ることも大切です。単に観念的な態度表明や言葉だけの状況に終わっていないかどうかを見きわめる際の参考になります。

(3)「社会的な思考・判断・表現」で評価する

思考力・判断力と表現力を一体的に評価していく観点です。この観点でまず押さえておくべきことは，以下のように「何を」「どのように」考えるのかということです。

●「社会的な思考・判断・表現」の観点の趣旨

> 社会的事象から学習問題を見いだして追究し，社会的事象の意味について思考・判断したことを適切に表現している。

ア 何を考えるのか

学習指導要領の各学年の「能力に関する目標」には以下の記述があります。これらの目標の記述では，思考力と判断力を併せて「考える力」として，「社会的事象の特色や相互の関連，意味」を考える力を求めていることがわかります。

●学習指導要領に示される「能力に関する目標」

○第3学年および第4学年
　地域社会の社会的事象の特色や相互の関連などについて考える力
○第5学年
　社会的事象の意味について考える力
○第6学年
　社会的事象の意味をより広い視野から考える力

イ どのように考えるのか

学習指導要領解説の「小学校社会科改善の具体的事項」には以下の記述があります。また，同じく解説の「各学年にわたる内容の取扱いと指導上の配慮事項」では「社会的事象を多面的，総合的にとらえて公正に判断すること」の大切さを説明しています。

> ～比較・関連付け・総合しながら再構成する学習や考えたことを自分の言葉でまとめ伝え合うことによりお互いの考えを深めていく学習の充実を図る。

これらのことを踏まえたうえで，この観点で評価する際には以下の3点がポイントになります。

① 「思考・判断」と「表現」を一体的にとらえ，言語表現を評価する

社会的事象について思考・判断したことは，説明，討論・話合い，記述・論述など，「話す」「書く」言語活動で表現されます。この言語活動を通して評価する観点です。児童のワークシートの記述や作品等の内容から「思考・判断」の状況を読み取ることも趣旨に沿っています。

● 「社会的な思考・判断・表現」とは

```
        一体的に評価する
    思考・判断    ┃    表現
        ┃対象┃
    社会的事象の特色，
    相互の関連，意味        ┃形態┃
                     記述，説明，論
    ┃方法┃          述，討論 など
    比較，関連づけ，
    総合，再構成 など
            ↓
        おもな評価場面
○学習問題を見いだす場面
  （学習問題や予想，学習計画を考え表現する場面）
○調べたことを比較・関連づけなどして社会的事象の意味などを考える場面
```

② 評価場面を焦点化して評価する

子どもが考える場面をすべて評価しようとするのではなく，観点の趣旨を踏まえて「学習問題を見いだす」場面と「社会的事象の意味などを考える」場面など，場面を焦点化して評価することが大切です。例えば前者については，学習問題やその予想，学習計画を考えて表現（ノートなどに記述等）している状況を評価します（112ページ参照）。後者については，調べたことを相互に比較・関連づけたり総合したりして社会的事象の意味などについて考えて説明している状況を評価します（112ページ参照）。

③ 考えたことを言語などで「適切に」表現しているかどうかを評価する

学習した成果としての子どもの作品については，ていねいさや記述量などの「できばえ」を評価するのではなく，言語による表現を中心に内容を評価します。文章記述だけではなく，図表やイラスト，資料などを使った説明などから，考えとその理由，解釈やその根拠などを評価します。その際，具体例をあげて相手にもわかるように説明できたか，調べてわかったことや資料などを根拠として示して説明できたかといった項目で，「適切な表現」かどうかを評価することが大切です。このことにより，思考・判断した「結果」だけでなく，「過程」すなわち，その子どもが考えた「筋道」についても評価できます。

フォーカス❺ 教師が「指導と評価を一体化させる」授業

(4) 「観察・資料活用の技能」で評価する

社会科の技能としての観察の技能と資料活用の技能は、確実に習得するとともに問題解決的に学習に活用できるようにすることが大切であり、これらの技能を身につけているかどうかを

● 「観察・資料活用の技能」の観点の趣旨

> 社会的事象を的確に観察、調査したり、各種の資料を効果的に活用したりして、必要な情報をまとめている。

評価する観点です。以下の2点がポイントになります。

① 情報を「集めている・読み取っている・まとめている」状況を評価する

「観察・資料活用の技能」の評価の観点の趣旨は、「必要な情報をまとめている」ですが、それをさらに詳しく説明した各学年における評価の観点の趣旨では「必要な情報を集めて読み取ったりまとめたりしている」と説明しています。

● 「観察・資料活用の技能」とは

```
        小学校社会科の技能
         ┌──────┴──────┐
      観察の技能      資料活用の技能

  観察、調査する    地図や地球儀の効果的活用
  見学、調査する    各種の具体的資料の効果的活用
                   各種の基礎的資料の効果的活用
         ↓              ↓
    必要な情報を集めて読み取ったりまとめたりする
```

見学・取材活動では、「よく見聞きして必要な情報を集めているか」、資料収集の場面では「必要な資料を集めて読み取っ

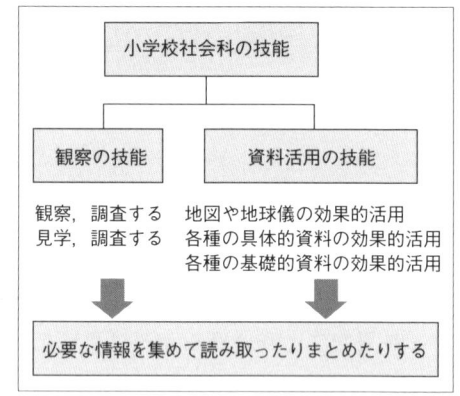

ているか」、作品などにまとめる場面では「調べたことを整理してまとめているか」「必要な情報を選んで盛り込んでいるか」など、学習場面に応じて「観察」や「資料活用」の意味を明確にして評価にあたることが大切です。

② 学年の発達の段階を踏まえる

資料活用の技能について、いきなり高度なものを求めすぎると、指導も評価も困難になります。『学習指導要領解説社会編』の例示（次ページ）などを参考にして、学年の発達の段階を踏まえ、意図的・計画的な指導と

評価を行うことが大切です。(70 ページも参照)
- ●『学習指導要領解説社会編』における資料活用の技能の例示
  ○第3学年および第4学年
  ・資料から必要な情報を読み取る。
  ・資料に表されている事柄の全体的な傾向をとらえる。
  ・必要な資料を収集する。
  ○第5学年，第6学年　＊（　）内は第6学年のみの記述
  ・資料から必要な資料を（的確に）読み取る。
  ・資料に表されている事柄の全体的な傾向をとらえる。
  ・複数の資料を関連付けて読み取る。
  ・(資料の特徴に応じて読み取る。)
  ・必要な資料を収集・選択したり（吟味したり）する。
  ・資料を整理したり再構成したりする。

例えば，「情報を集める」について，第3学年および第4学年では「必要な情報の収集」であるのに対し，第5学年では「必要な情報を収集・選択」，第6学年では「必要な情報を収集・選択・吟味」が例示されています。「情報を読み取る」については，第3学年および第4学年では，「必要な情報を読み取る，全体的な傾向をとらえる」のに対し，第5学年，第6学年では「複数の資料を関連付けて読み取る」，また第6学年では「的確に読み取る，資料の特徴に応じて読み取る」と例示されています。「情報をまとめる」についても，第5学年，第6学年では「整理・再構成」が示されています。

また，学年が上がるにつれて資料活用の頻度が高まったり，資料の内容が高度になったりしますので，一口に「情報を読み取る」といっても難易度には当然差があります。発達の段階を細かく考えるよりも，実際の授業に即して，教材や資料に応じて考えていくとよいでしょう。

大切なことは，子どもが技能を活用する場面を通して育てることです。観察や資料活用の場面を設定して，一人一人の技能の活用状況を把握して，評価しながら，育てていくことです。「こんな見方ができたね」「こんな観点に気づいたね」「なるほど，こんな読み取り方は大事だね」などと，ほめながら育てていくことを心がけたいものです。

フォーカス❺ 教師が「指導と評価を一体化させる」授業

(5)「社会的事象についての知識・理解」で評価する

この観点は，社会的事象の様子や働き，特色および相互の関連を理解しているかどうかを評価する観点です。それらは各学年の目標から導き出したキー

● 「社会的事象についての知識・理解」の観点の趣旨

> 社会的事象の様子や働き，特色及び相互の関連を具体的に理解している。

ワードです。一人一人の子どもの解釈した結果の理解と考えれば，「社会的事象の様子や意味などの理解」と置き換えてもよいでしょう。以下の2点がポイントになります。

① あらかじめ知識や概念を明確にしておく

学習を通して身についた社会的事象についての知識・理解を評価するのですから，あらかじめ習得すべき知識や理解すべき概念（的な知識）を明確にしておくことが大切です。例えば，小単元の内容を「知識や理解を整理した図」にまとめて構造化している例もあります（22ページも参照）。教師がこうした構造を踏まえて，どのような知識を習得したか，どのような理解が定着したかを評価することも工夫の一つです。

例えば右図の考え方は，知識の階層を大まかに3段階に分けたものです。いちばん下は，用語など覚えるべき知識で，学習上の基礎的な知識です。下から2段目は資料などから調べて身につける知識です。社会的事象の様子について説明できる知識です。いちばん上は調べたことをもとに社会的事象の意味などを考えて身につける知識です。概念的な知識といわれることも

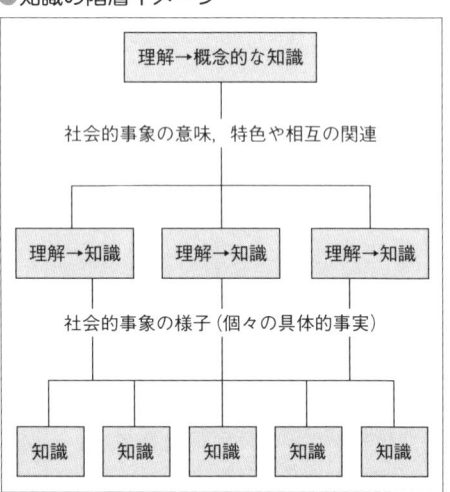

●知識の階層イメージ

```
        ┌─────────────────┐
        │ 理解→概念的な知識 │
        └─────────────────┘
                │
     社会的事象の意味，特色や相互の関連
                │
    ┌───────┬───────┬───────┐
 ┌──┴───┐ ┌─┴────┐ ┌─┴────┐
 │理解→知識│ │理解→知識│ │理解→知識│
 └──┬───┘ └─┬────┘ └─┬────┘
    │        │        │
    社会的事象の様子（個々の具体的事実）
    │        │        │
┌──┐┌──┐┌──┐┌──┐┌──┐
│知識││知識││知識││知識││知識│
└──┘└──┘└──┘└──┘└──┘
```

あります。
② 確認（ペーパー）テストを効果的に位置づける

評価はさまざまな方法を用いて行うことが大切であり，確認（ペーパー）テストによる方法もその一つです。とくに「知識・理解」は身についたかどうかを評価することが必要なので，子どもの文章記述や作品だけでは確認しきれない知識・理解の定着状況の確認を補う意味でも大切です。確認（ペーパー）テストは前記の整理図などを参考に，以下のように2種類の問題を準備し，その結果を総合して評価する方法などが考えられます。

ア 「用語など」を確かめる問題（前ページの図の1段目）
イ 調べて身につける知識（社会的事象の様子）や考えて身につける知識（社会的事象の意味）を確かめる問題（前ページの図の2・3段目）

ア 用語などに関する知識を問う問題

例えば，「国会」「内閣」などの用語の理解，「社会保障」の意味の理解などを問う問題などです。穴埋めや択一，線で結ぶなどの形式で問える問題です。こうした用語や固有名詞は，基礎的な知識であり，すべて習得することが望まれます。しかし，設問の形式などによって問題のむずかしさは異なってくる点を考慮して，「おおむね満足できる」状況（B）と判断する正答率の範囲を「○割以上」などとあらかじめ設定しておくことも考えられます。そのことで，「十分満足できる」状況（A）も判断できることになります。

イ 社会的事象の様子や意味に関する理解を問う問題

例えば，「市の社会保障の取組みの様子を把握しているか」「政治は国民生活の安定と向上を図るために大切な働きをしていることを具体的に理解しているか」といったことを確かめる問題です。文章などで表現させて具体例をあげて説明できるかを評価したり，作品などにまとめさせて関係を説明できるかを評価したりする方法などが考えられます。また，文章をすべて書かせるのではなく，キーワードとなる言葉を提示して，それを使って文章を書かせたりする方法なども考えられます。

フォーカス❺ 教師が「指導と評価を一体化させる」授業

(6) 「指導と評価の計画」を作成する

ここからは，評価の計画をつくる際の手順についてです。簡潔にまとめましたので，詳しくはこの後の事例ページで確認してください。

① 単元（小単元）の目標の設定

まず目標の設定が必要です。学習指導要領の各学年の目標と内容および子どもの実態等を踏まえて，単元（小単元）の目標を設定します。目標の記述形式にきまりはありませんが，学習指導要領の各学年の目標のうち，理解と態度に関する目標として示されている（1）（2）と，能力に関する目標として示されている（3）をともに踏まえて目標設定することが大切です。このことにより，各観点の評価規準との対応関係がしっかりします。

② 評価規準*13 の設定

次に観点別評価規準を設定します。以下の2点に留意しましょう。
・学習指導要領の目標と内容，各観点の趣旨を確認する。
・中心となる評価場面を想定して，評価規準を設定する。

『評価規準の作成のための参考資料』（国立教育政策研究所）では，これらを踏まえて，以下のように評価規準の基本形*14 を例示しています。

●評価規準設定の基本形の例

〈学習指導要領の内容の記述形式〉

 A （社会的事象） について，次のこと（ア，イ，ウ…） B （学習の仕方） して調べ， C （社会的事象の意味，特色，相互の関連） を考えるようにする。
　＊次のこと → （ア 調べる対象）（イ 調べる対象）（ウ 調べる対象）…

〈事例における評価規準設定の基本形〉

社会的事象への関心・意欲・態度	社会的な思考・判断・表現	観察・資料活用の技能	社会的事象についての知識・理解
・ A に関心をもち，それを意欲的に調べている。	・ A について，学習問題や予想，学習計画を考え表現している。	・ B して， A について必要な情報を集め，読み取っている。	・（ア，イ，ウ…）を理解している。
・よりよい社会を考えようとしている。 ＊各学年の態度に関する目標を踏まえた具体的な姿	・○と○とを（比較，関連づけ，総合など）して C を考え適切に表現している。	・調べたことを（絵地図・白地図，図表，レポートなど）にまとめている。	・ C を理解している。

これらは，中心となる評価場面を想定したもので，必ず2つの場面ずつというきまりをつくっているわけではありません。細かすぎる評価規準を設定して，評価に負担を感じることのないようにするとともに，目標の実現状況を測るうえで「妥当性のある評価規準」を確実に設定するという考え方に基づいています。(国立教育政策研究所のホームページ参照可)

③ 「指導と評価の計画」の作成

　最後に「指導と評価の計画」を作成します。これは，各観点の評価規準を指導のねらいや学習活動に即して指導計画上に位置づけるものです。位置づける際には，以下の点に留意しましょう。

・【関—①】と簡略標記する（「社会的事象への関心・意欲・態度」の評価規準の1つ目）

　　そのことにより，各観点の評価規準を漏らさずに指導計画に位置づけることができる。また，学習の進展に伴って，評価規準①から評価規準②へのつながりを意識できるようになる。

・1時間ごとの指導のねらいを明確にし，それに即して評価の観点を絞る

・評価規準をできるかぎり「子どもの姿」に具体化して想定しておく

　　これらのことにより，「指導と評価の計画」は，助言や支援が必要な子どもに即座に対応できる「支援計画」にもなる。

・評価資料を収集する場面を重点化して設定する

　　単元末，学期末などに評価結果を総括する。一方で，そのための評価資料の収集に追われることのないよう，指導と評価の計画全体を見渡して，教師が指導した結果としての評価資料をすべての子どもから収集できる場面を重点的に設定する。

・「評価資料」と「評価のめやす」などを決めておく

　　例えば，「学校の周りの地域の様子について調べたことを白地図にまとめている」【技—②】という評価規準で評価する場合には，「白地図の記述内容」（評価資料）や「地図記号や調べたことの中から必要な情報を盛り込めたか」「それらを正しい方位で位置づけることができたか」（評価のめやす）などを考えておく。これらを併せて「評価方法」ということもできる。

フォーカス❺ 教師が「指導と評価を一体化させる」授業

(7) 子どもの言語表現を評価する

　授業を通して子どもの学習状況を実際に評価する際には，子どもの表現内容や活動の様子などを対象として評価します。とくに，子どもの言語などによる表現（以後「言語表現」とします。）の内容から学習状況を把握して評価することが大切です。「言語活動の充実」が求められることに伴って，教師にはこれまで以上に子どもの言語表現を評価する技術が求められることになりました。以下の２点を課題として評価する技術を高めていく必要があります。

① 子どもの言語表現を受け止めることのできる評価規準を

　評価規準は，子どもに期待する学習状況を想定したものです。それは子どもの表現を受け止める準備にほかなりません。したがって，評価規準を考える際にはどのように受け止めれば実際に評価できるかを考えましょう。例えば，子どもはよく次のような表現をします。

> 学習してみて，○○さんがいろいろな工夫をして野菜を作っていることがわかった。

　第３学年「地域の野菜作りの農家の仕事」の小単元です。この記述をどう評価すればよいでしょうか。「工夫して…作っていることがわかった」と書いてありますので，理解していることの表現に見えます。しかし，ほんとうに理解しているかどうかはわかりません。「いろいろな」という言葉の中に，理解したことの具体的な内容が閉じ込められてしまっているのです。

　おそらく，この「いろいろな」について「例えば？」と子どもに尋ねれば，「有機肥料を使って体にいいものを作っているから」「朝早くに葉っぱの様子を観察して水をまく量を調節しているから」「半年もかけてよい土を作っているから」などと，学習した具体的な事実が出てくるでしょう。これらを「なぜなら」「例えば」と続けて「肥料や土作りを工夫したり，水の量を考えたりしているから」などと書いていれば，理解したこととして評価

することができるでしょう。

　子どもが，「なぜなら」「例えば」までを書くようにするためには，教師の「仕かけ」が必要です。「学習のまとめを書きましょう」「わかったことを書きましょう」と漠然としたまとめ方をさせるのではなく，「○○さんの野菜作りについて，工夫していることをまとめましょう」と指示することが必要です。その場合の評価規準は，「○○さんの野菜作りの工夫を具体的に理解している」（社会的事象についての知識・理解）となるでしょう。

　また，「○○さんの野菜作りについて，工夫とその理由をまとめましょう」とすれば，子どもは「有機肥料やよい土を使っています。それは安全な野菜をみんなに届けるためです」「水の量を調節したり栄養分をまいたりしています。それはおいしい野菜を作って多くの人に買ってもらうためです」などと表現するでしょう。これは「社会的な思考・判断・表現」で評価できます。評価規準は「○○さんの野菜作りの工夫と自分たちの生活との関連（かかわり）を考え，適切に表現している」などが考えられます。

　大切なことは，その時間の目標（ねらい）に照らして，学習のまとめ方を意図的に行わせるようにすることです。とくに，「社会的な思考・判断・表現」の評価規準において「○○を△△と関連づけて（比べて）考え」といった記述は，「何をどのように考えるか」を明示する点で効果的です。

② 指導したことを評価する

　評価は評価者（教師）の技術です。技術を駆使して子どもの言語表現を聞き取り，読み取ることが必要です。その裏には，必ず「どのように指導したか」がついて回ります。例えば下図は，「社会的な思考・判断・表現」の評価において，子どもの言語表現の読み取り方とその背景となる指導の関係を表したものです。指導と評価の一体化の大事な側面です。

・何について考えているか（意味，特色等）　　…何を考えるように指導してきたか
・何を根拠にしているか（既習事項，資料）　　…事実を活用させるまとめ方にしたか
・どんな立場や視点で考えているか　　　　　　…多様に考える場面を設定したか
・どんな文脈（自分の筋道）で表現しているか　…子どもの言葉や表現を大切にしたか

実践事例から学ぶ

事例5 「教師が『指導と評価を一体化させる』授業」の事例

1．**小単元名** 第5学年「自動車工業の盛んな地域」（全10時間）

2．**小単元の目標** ポイント①

　わが国の自動車工場の様子について地図や資料などを活用して調べて，工業に従事している人々の工夫や努力，工業生産を支える貿易や運輸などの働きがわかり，わが国の工業生産は国民生活を支える重要な役割を果たしていることやこれからの工業の発展を考えるようにする。

3．**小単元の評価規準** ポイント②

社会的事象への関心・意欲・態度	① わが国の自動車工業の重要性に関心をもち，自動車生産の様子を意欲的に調べている。 ② 国民生活を支えているわが国の工業の発展を考えようとしている。
社会的な思考・判断・表現	① 自動車工業が盛んな地域の様子について，学習問題や予想，学習計画を考え表現している。 ② 自動車生産の工夫や努力と消費者の需要や環境への配慮とを関連づけて，国民生活の立場から工業生産の意味を考え適切に表現している。
観察・資料活用の技能	① 地図や資料などを活用して情報を集めて読み取っている。 ② 調べたことを白地図やノートにまとめている。
社会的事象についての知識・理解	① わが国の自動車工業が盛んな地域の分布やわが国の工業の大まかな特色，自動車生産に従事している人々の工夫や努力などを理解している。 ② わが国の工業生産は国民生活を支える重要な役割を果たしていることを理解している。

4．**教材の構造** ポイント③

〈解釈すること〉
　わが国の工業生産は国民生活を支える重要な役割を果たしていること

〈調べてわかること〉
（つながり・広がり）
　自動車工業は貿易や運輸などと結びつき日本の代表的な工業となっていること

（人々の働き）
　自動車生産を代表とするわが国の工業は高い技術を誇り，さまざまな分野に役立っていること

〈具体的な事実〉
- 自動車販売と消費者ニーズ
- 自動車工業が盛んな地域と自動車生産額
- 自動車工業と運輸，貿易の関連
- 変わりつつある日本の工業の特色
- 自動車の大量生産の仕組み
- 従事する人々の工夫点，努力点
- 最新技術の導入と製品開発（環境配慮など）
- 生かされ広がる日本の工業技術

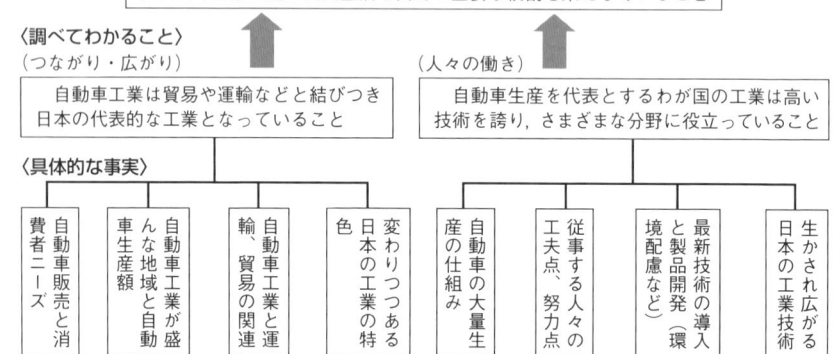

>>> **ポイント①** 目標の設定

　評価のスタートは目標の設定です。目標に準拠した評価だからです。事例を見ると，「…について，…して調べ，…がわかり，…を考えるようにする」と一文で記述しています。こうすることで，その下段の評価規準の相互関係が大まかにとらえられるようになります。評価の観点や評価規準に順序性はありませんが，相互に密接に関連していることは確かです。あえて観点別に分けた評価規準で学力を評価して，最後に目標の実現が図れたかどうかを評価するためには，このように目標と評価規準の対応関係が大まかにでもわかるようにしておくことも一つの方法です。

>>> **ポイント②** 評価規準の設定

　指導と評価の一体化には，どう評価規準を設定するかが重要です。どのような学習活動を通してどのような学力を育てるかを想定することになるからです。評価規準に①②と書いてあるのは，指導と評価の計画にきちんと位置づけるためです。これにより，教師は評価規準を漏れなく位置づけることができるとともに，①→②と子どもの学びがつながっていることを意識できるようになります。評価規準は，もっとたくさんあってもよいのですが，「できる評価」ということを踏まえて，あまり細かくならないようにすることが大切です。

>>> **ポイント③** 教材化の研究

　第5学年の内容(3)のウを具体化した小単元です。内容(3)は「ア　さまざまな工業製品が国民生活を支えていること」「イ　わが国の各種の工業生産や工業地域の分布など」「ウ　工業生産に従事している人々の工夫や努力，工業生産を支える貿易や運輸などの働き」を調べて，「わが国の工業生産は国民生活を支える重要な役割を果たしていることを考えるようにする」内容です。本小単元は，ウを手がかりに「…考えるようにする」ことをねらっています。

　そのため事例では，自動車工場の学習に終始するのでなく「日本の工業の特色，日本の工業技術の代表としての自動車工業」という位置づけで教材化しています。このことにより，上記のアやイとのつながりも明確になります。自動車工業（工場の仕事）を教えるのではなく，自動車工業を代表とする日本の工業の特色を学ばせる構成です。指導と評価の一体化には，何を指導するかという側面から考えることも必要です。

5．学習展開（概要）　（○番号は「第○時」を表す）

	おもな学習活動・内容	◆評価規準，◇評価資料
つかむ	①②自動車工業の様子に関心をもち，調べようとする意欲を高めるようにする。 ・自動車の生産台数や自動車工場の分布，運輸や貿易などの資料をもとに，日本の自動車工業に関心を高め，知っていることを伝え合う。 ③自動車工場の様子を概観し，生産の様子について学習問題や予想，学習計画を考えるようにする。 ・複数の自動車パンフレットをもとに消費者ニーズについて話し合う。 ・日本の自動車生産の努力点や工夫点について調べる観点を決める。（工場見学，資料活用）　**ポイント①** なぜ日本の自動車は国内でも世界でも評価が高いのだろう　**ポイント②**	◆わが国の自動車工業の概要を知りその重要性に関心を高め自動車工業の様子を調べようとしている。【関—①】 ◆わが国の工業の大まかな特色を理解している。【知—①】 ◇発言，ノートの記述 ◆自動車生産の工夫や努力を予想し，生産の様子を調べる観点を考え表現している。【思—①】 ◇発言，ノートの記述
調べる	④〜⑦自動車生産に従事する人々の工夫や努力を調べる。 ・工場見学や資料活用により観点に基づいて集めた情報を整理する。 ・整理したことを発表し合い，自動車生産の様子や従事する人々の工夫点や努力点をまとめる。 　・ニーズに応える，正確に，効率的に，安全になど ⑧現在から未来に向けた研究開発について調べる。 ・現在開発されているエネルギー効率向上やユニバーサルデザインの車について調べ，学習問題に対する自分の考えをまとめる。	◆自分の調べる観点に基づいて必要な情報を集めている。【技—①】 ◇見学カード ◆自分が集めた情報やほかの児童の発表内容をもとに，自動車工場の様子をリーフレットにまとめている。【技—②】◇リーフレット ◆日本の自動車が国内でも世界でも評価が高い理由を根拠を示しながら説明している。【知—②】 ◇発言，ノート
まとめる	⑨⑩日本の貿易の様子が変わってきていることや新しい工業技術について調べて，これからの日本の工業の発展について考える。 日本の高い工業技術はこれからわたしたちの暮らしをどう変えるのだろう ・日本は機械製品の輸入が増えていることをグラフから読み取る。 ・日本の工業技術が，省エネやロボット生産などに広がっていることを調べ，これからの工業の発展について自分の考えをまとめる。	◆わが国の工業は国民生活を向上させる重要な役割を果たしていることを考え説明している。【思—②】◇ノート ◆わが国の工業の発展を考えようとしている。【関—②】 **ポイント③**

>>> **ポイント①**「社会的な思考・判断・表現」の観点での評価

　「社会的な思考・判断・表現」の観点による評価のポイントの一つは，問いや予想，学習計画を考える場面で評価することです。何をどのような方法で調べるかを考えることは，その後の思考の道筋を作ることになるからです。事例では，「工夫や努力を予想し，生産の様子を調べる観点を…」とありますから，おそらく，「働く人の技術」「働く人同士の連携や協力」「機械化の工夫」「勤務シフト」「関連工場との連携」「社訓に基づく努力」「正確さや安全性への配慮」などが調べる観点となるでしょう。それらが「日本でも世界でも評価が高い理由」の予想として具体的に表現されていれば，学習問題と予想の関係，予想と学習計画の関係が明確であり「おおむね満足できる」状況であると評価することができます。ノートにこれらの関係を文章で説明記述させるようにすると評価しやすい資料になります。

>>> **ポイント②** 学習問題の設定

　この学習問題は「なぜ」と問うていますが，実際には「どのような工夫や努力をしているのか」を調べるための問題です。なぜなら，事実を集めてそれを整理して評価が高い理由として説明できればよいからです。したがって，資料活用の技能（情報を集める，整理する）と日本の自動車工業の様子，従事する人々の工夫や努力についての知識・理解を評価することになります。

　このように学習問題や問いと評価は密接な関係にあります。指導の評価の一体化の一つのポイントである「指導したことを評価する」には，どのような学習問題や問いで子どもが調べ考え表現したかをつなげてみると，評価の観点が導き出されます。

>>> **ポイント③** 記録に残す評価（網掛け部分）

　指導した結果としての評価はＡＢＣなどと判断し，記録に残すことが必要です。作品にまとめたもの，学習のまとめの記述がその重要な資料になります。学習のまとめは意図的な問いかけによって方向をリードすることを考えましょう。事例では，学習したことをもとに「日本の工業技術は」と視野を広げて問いかけています。小単元の目標に迫るために学習全体を俯瞰させようとする意図です。このように社会科は，学習の終末に視野を広げたり全体を俯瞰したりする問いかけが効果的な場合があります。こうした場面の設定により，評価規準の【関―①】や【思―②】の評価資料が得やすくなります。

6．学習の実際

●自動車の生産台数上位5か国

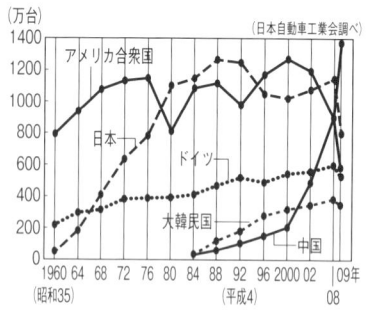

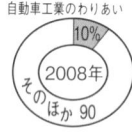

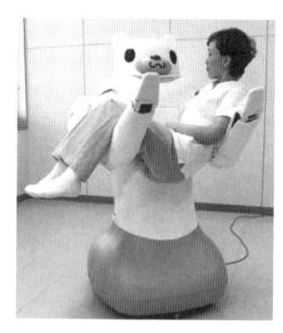

① 第1時に使った資料（一部）

② 第9時に使った資料（一部）

③ 調べたことを情報交換して自分のリーフレットに整理する（第7時）

④ 第8時の子どものまとめ

　わたしは，日本の自動車工業が，国内でも世界でも評価が高い理由がわかりました。それは，3つあります。1つはロボットだけでなく人も高い技術をもっているからです。働く人の様子を見ていると，とても正確な動きを繰り返して真剣な仕事をしていました。この真剣さが高い技術の証明です。2つ目は，チームワークです。サークルを作ってみんなでよい車を作ることを熱心に話し合っているそうです。きっとお客さんのことを考えて少しでもよいものを作ろうと力を合わせていると思います。あとチームワークがないと危険なこともあるからです。最後の1つは，工場のすごさです。工場全体が1つのロボットのように管理されていました。すごい技術力です。

⑤ 第10時の子どものまとめ（一部簡略化）

　日本の工業は1つの工場だけでなり立っているのではなく，関連工場などたくさんの工場がつながり合っている。日本工業株式会社みたいなかんじだ。だから，資源が少ない日本工業株式会社は技術を高めることが命だ。働く人みんなの運命をにぎっている。調べてみると太陽光パネルや省エネ製品，空気清浄機など，これからのぼくたちの生活がよりよくなりそうな製品を作る高い技術を日本はもっていることがわかった。とくにロボットは，困っている人を助けたり，東日本大震災のような災害のときにも活躍できるし，とてもみんなのためになると思う。日本工業株式会社はそんな技術をどんどん発達させて，関連工業と力を合わせて発展するといいと思う。

>>> **ポイント①　資料提示と評価の観点の関係**

　本事例の特徴は，小単元の始めに日本の工業の代表として自動車工業を位置づけ，その概要をとらえさせていることです。①はそのことをデータに基づいて理解させるよう意図した資料です。基礎的な知識を始めのうちに身につけて関心を高め，後半でそれらを生かして考えるようにした学習展開をとっています。したがって，単元導入時の評価規準は【関―①】と【知―①】となっています。

　②は，第9時で提示した介護用ロボットの写真です。ロボットの写真はこのほかにも災害救助用，高齢者のコミュニケーション用，障害者のサポート用などが紹介されました。日本の工業の発展にイメージをもって関心を高めるようにする意図で提示された資料です。子どもたちが資料を使って自分の考えを述べる内容で「工業の発展への関心」を評価しようとしています。

　このように意図的な資料提示と評価は密接な関係にあります。

>>> **ポイント②　グループ学習と評価**

　子どもたちがグループで学習を進める場面での評価はどのようにしたらよいでしょう。話し合っている場面を見回って発言を拾ったり，代表児童が発表した内容を評価することもできます。しかし，評価の基本は個人に対するものです。最終的には，その子がノートや学習カードなどにほかの子どもの情報や考えをどのように取り入れて自分の学習をまとめているかなど，個人の記述内容を評価することを重視します。グループでの話合いは，個々の子どもが自分の考えをまとめたり深めたりするための方法としてとらえるとよいでしょう。

>>> **ポイント③　子どもの言語表現を評価する技術**

　子どもの言語表現の内容を評価することが大切です。とくに学習のまとめを長文で書かせることにより，評価資料が得やすくなります。④は「自動車工場の工夫や努力を説明できるか」を「知識・理解」の観点で評価しています。知識を覚えただけでなく，理解したかどうかを言語による説明内容で評価することが大切です。調べた具体的な事実を根拠にして，流れ作業や品質管理などの特色を説明できているかを評価します。⑤は社会的事象の意味「わが国の工業は国民生活を向上させる重要な役割を果たしていること」を考えているかを「思考・判断・表現」の観点で評価しています。従事する人々の生活を考えたり，自分たちの生活と結びつけたりして重要な役割を考えている様子がわかります。

*1 平成20年告示の学習指導要領改訂に先立って示された中央教育審議会答申において，「社会科，地理歴史科，公民科の改善の基本方針」として，「社会的事象に関する基礎的・基本的な知識，概念や技能を確実に習得させ，それらを活用する力や課題を探究する力を育成する観点から，各学校段階の特質に応じて，習得すべき知識，概念の明確化を図るとともに…」と示されました。

*2 「解釈」とは，一般的には「ものごとの意味を受け手の側から理解すること」ですが，一方で「勝手な解釈」など独りよがりなものをイメージできる言葉でもあります。社会科を含めて教科の学習では，これをより確かな理解に基づくものにしていく必要があります。

*3 「筋道」は，子どもの学びの文脈（ストーリー）ともいえます。それは，事実に基づいて論理的に考えていくことが前提になります。

*4 「教材」という言葉は，主たる教材としての教科用図書のほか，副読本，資料集などの図書，地図や年表，プリント，ワークシートなどの資料，模型などの教具を含め，授業で扱われているさまざまなものを指す言葉として使われます。そこで，「学習者である子どもと学習内容とを結びつけるための材料」と規定すると考えやすくなります。それらの材料を組織化して子どもの学習を成立させるための教師の準備を「教材化」といいます。教材化には，大きくは，①学習内容を明確にする。②社会的事象をどのように子どもに見せるかという教材化の視点をもつ。③社会的事象の様子や働きを資料化する。の3つの作業が必要です。

*5 「学習問題」は，「つかむ→調べる→まとめる」などの一連の問題解決的な学習活動を貫く問題を意味します。多くの場合，単元・小単元の問題として設定されます。一方，1時間の学習の中にも「つかむ→調べる→まとめる」の流れがあることが多いので，「本時の学習問題」と単元・小単元の問題と区別していう場合もあります。本時の学習問題を「本時の課題，めあて」などとする場合もあります。いずれにしても，学習問題は学習のための問題であり，いわゆる社会問題そのものを意味するのではありません。

*6 「単元・小単元」は，学習内容のまとまりを指す言葉です。指導計画を作成する際に使います。社会科の場合，学習内容のまとまりが「わが国の工業」などと大きくなることもあり，その場合，「さまざまな工業製品とわたしたちの暮らし」「自動車を作る工場」「工業生産と貿易」などと，小さなまとまりに分けて問題解決的な学習を構成する例が見られます。こうした場合，単元「わが国の工業」を構成する「さまざまな…」「自動車を…」「工業生産と…」など，いくつかの小単元に分けることがあります。単元と小単元の構成の仕方に，始めからきまりはありません。学習指導要領の内容をもとにして指導計画を作成する際の教師の意図によって決まります。

*7 平成19年6月に一部改正された学校教育法30条2項に「生涯にわたり学習する基盤が培われるよう，基礎的な知識及び技能を習得させるとともに，これらを活用して課題を解決するために必要な思考力，判断力，表現力その他の能力をはぐくみ，主体的に学習に取り組む態度を養うことに，特に意を用いなけ

ればならない。」と示されました。この「基礎的な知識及び技能」と「課題を解決するために必要な思考力，判断力，表現力その他の能力」と「主体的に学習に取り組む態度」をこれからの学力の3要素ととらえることができます。

＊8　ICTとは,多くの場合「情報通信技術」と訳され,コンピュータや情報通信ネットワークなどの情報コミュニケーション技術のことを指します。日本では2000年ころに「IT」という言葉が盛んに用いられましたが，2005年ころから，コミュニケーション技術によりいっそうの視点をあてる意図から「ICT」が用いられるようになりました。

＊9　「インタラクティブ」とは相互作用という意味で，電子黒板の双方向性を指して「インタラクティブボード」と呼ぶ場合があります。大型テレビ・ディスプレイとは異なる機能であることを示す呼び方です。電子情報ボードなどと呼ぶ場合もあります。

＊10　「協働」とは広辞苑では「協力して働くこと」とあり，力を合わせて学習する姿をイメージした言葉です。ちなみに，『小学校学習指導要領解説総合的な学習の時間編』では，「他者と協同して問題を解決する」「探求活動に…協同的に取り組む態度」といった記述があり，ほぼ同義ととらえることができます。

＊11　「社会的な見方や考え方」については，すでにさまざまな研究事例や研究者の見解があります。本書では，学習指導要領から考えることのできる範囲で，また学校現場の実践をベースに考えて整理してみました。不十分かもしれませんが，一つの読み解き方として参考にしてください。

　　大切なことは，社会的な見方や考え方はなぜ必要なのか，社会的な見方や考え方を教師が意識することで授業がどう変わるのか，子どもがどう育つのかを考えることです。それがなければ，むずかしいと言われることの多い社会科授業をさらにむずかしくするだけになってしまいます。

＊12　文部科学省の資料でも，平成13年度までは「評定」を相対評価で行うよう示していました。相対評価とは，子どもの成績が学習集団全体のどのあたりの位置にあるかで評価しようとするものです。相対評価の考え方は「集団の絶対数が多くなればなるほど，その成績の分布はおよそ正規分布に近づく」という統計学の理論を基本としています。教師は成績資料を精査した後，子どもを成績順に並べ一定の割合を決めて「5，4，3，2，1」などと評定をつけます。したがって，必ず評定5の子ども，1の子どもが存在することになります。しかし，実際の学力調査では正規分布にならないことが多いこと，学校規模の縮小化により学級の人数差が大きくなってきていること，観点別学習状況の評価は量ではなく質を重視して評価するため順位づけに馴染まないこと，成績上位者が固定化し子どもの学習意欲に影響があること，などから，目標に準拠した評価（いわゆる絶対評価）へと転換が図られました。

＊13　「評価規準」とは，学習指導要領に示す目標の実現状況を判断するための拠り所となるもので，観点別に子どもの学習状況を示す言葉で表します。いわば，子どもの学習活動や学習内容にあてて，子どもの学習状況（学力の状況）を測る「ものさし」のようなものです。文部科学省の資料では平成5年から，新し

い学力観に立って子どもたちが自ら獲得し身につけた資質や能力の質的な面，すなわち学習指導要領の目標に基づく幅のある資質や能力の育成の実現状況の評価をめざすという意味で「評価規準」が用いられるようになりました。

＊14　ここで示している「評価規準の基本形」は『評価方法等の工夫改善のための参考資料』（平成23年・国立教育政策研究所）における紹介事例を読み解くヒントとして作成したものです。学習指導要領の内容等の記述をもとにして評価規準をどのように設定すればよいかという一例です。

第3章

新しい内容の実践上のポイント

[小学校社会]
授業を変える
5つの
フォーカス

[第 3 章]
新しい内容の実践上のポイント

1 社会的な課題への対応

平成20年に告示された学習指導要領の内容改訂の柱は以下の3つです。
1　社会的な課題への対応
2　伝統や文化に関する内容の充実
3　基礎的・基本的な知識や技能の重視

それぞれについて，具体的な内容を取り上げて，実践上のポイントを説明します。

- **情報　第5学年**
  - 「情報化した社会の様子と国民生活とのかかわり」について学ぶ。
  - 食料生産や工業生産の学習において，「情報の働き」について取り上げることも考えられる。
- **法やきまり**
  - 第3学年および第4学年
    - 地域の人々の健康や安全な生活に関する学習で「地域の社会生活を営む上で大切な法やきまり」について扱う。
  - 第6学年
    - 政治に関する学習で「国会と内閣と裁判所の三権相互の関連」や「国民の司法参加」（裁判員制度）について扱う。
- **金融・経済　第5学年**
  - 食料生産や工業生産に関する内容の学習で「価格や費用」について扱う。
- **防災**
  - 第3学年および第4学年
    - 地域社会の災害および事故の防止に関する学習で，「関係諸機関と地域の人々の協力」について扱う。
  - 第5学年
    - 我が国の国土の様子に関する学習で「自然災害の防止」について取り上げる。
- **エネルギー・環境**
  - 第3学年および第4学年
    - 飲料水や電気，ガスの確保，廃棄物の処理に関する学習で，節水や節電などの資源の有効な利用について扱う。また，廃棄物を資源として活用することについて扱う。
  - 第5学年
    - 公害や森林資源の学習において，国民一人一人の協力が必要であることに気づくようにする。

冒頭にもふれていますが,「よりよい社会の形成に参画する資質や能力の基礎」という言葉で公民的資質の基礎の説明が加えられ,これからの小学校社会科がめざす方向がよりいっそう明確にされました。その具体策の一つとして,社会的な課題に対応した内容(学習指導要領には「内容」と「内容の取扱い」に分けて書かれています)が盛り込まれました。

　情報,法やきまり,金融・経済,防災,エネルギー・環境,福祉・社会保障といった内容は,これからの持続可能な社会,公共社会のあり方を考えるうえで大切な「社会的事象の見方」になります。社会科には,社会の変化に対応しながらたくましく生きていく子どもたちを育てるという大切な役割があるため,学習内容も社会の変化に対応する必要があり,改訂ではそのことが多岐にわたって行われたわけです。

　内容に関して変わった点を一覧で示すと,前ページのようになります。これらを見ると,「よりよい社会の形成に参画する資質や能力の基礎」の「よりよい社会の形成」のキーワードである「持続可能」「公共」そして「参画」を考えることのできる内容が,たくさん盛り込まれていることに気づくのではないでしょうか。

　ここで,これらの内容を実際の授業で取り上げる際のポイントについて,学習指導要領の内容および解説の記述を図に整理して簡潔に説明していきます。内容や記述のすべてを入れ込もうとすると文字量が多くなってしまうので,関連する部分のみ強調してまとめるようにしました。全体像を見据えたうえで,内容構成や教材を考えることが大切であることを確認してください。

　また,学習指導要領の内容および解説の記述の範囲に限らずに,実際に行われているさまざまな実践例を参考にして,具体的なアイディアや留意点なども紹介しますので,参考にしてください。

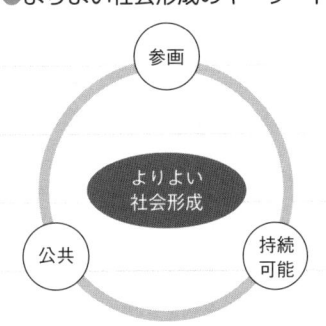

●よりよい社会形成のキーワード

参画／よりよい社会形成／公共／持続可能

① 「情報」をどう取り上げるか

```
第5学年「情報産業とわたしたちの生活」（仮の小単元名）    内容(4)のア
〈考えるようにすること〉              〈考えるための手がかり〉
●情報化の進展は国民生活に大きな影響  ●放送，新聞などの産業と国民生活との
  を与えていること          ←      かかわり
●情報の有効な活用が大切であること
                                              ↑
〈期待される子どもの理解や考えの方向〉  〈調べる具体的な事実〉
・わたしたちはマスメディアの情報から大き  ・わが国ではテレビやラジオ，新聞，電話，
  な影響を受けています。例えば…           コンピュータなどのさまざまな情報手段が
・情報を発信する側には，役割や意図があり，   普及していること
  与える影響を考えると大きな責任がありま  ・人々は放送や新聞などの産業が発信する情
  す。なぜなら…                           報を日常の生活や産業活動の多方面で活用
・情報を受け取る側にも正しい判断が必要で    し，さまざまな影響を受けていること
  す。わたしは…                                                        など
```

●取り上げる事項例

① 情報はテレビや新聞などのメディアを通して，多種多様に大量に送り出されており，わたしたちはそうした情報からさまざまな影響を受けていることを取り上げるようにする。

② マスメディアを活用する情報産業は，「公共性」が高い情報を送り出しており，情報を送り出す際には，与える影響の大きさを踏まえて「速く」「わかりやすく」「正確に」など工夫・努力をしており，それによって送り手の責任を果たしていることを取り上げるようにする。

③ わたしたちには，送り出される情報に対する受け手として正しい判断が必要であることを取り上げるようにする。

●取り上げる際の留意点

① 社会科で扱う「情報」は「公共性」がキーワードになる。新聞や放送などの公共性の高い情報を取り上げることにより，一般的な「情報」との区別をして，情報モラル教育とも棲み分けることになる。

② 情報の受け手としての自分たち（国民）を意識させることが大切である。従事する人々の工夫・努力については，情報発信の行程を詳しく学ぶことよりも，「速く」「わかりやすく」「正確に」情報を送り出しているのはなぜか，などと「送り手の責任」に気づくように取り上げるとよい。

第5学年「情報ネットワークとわたしたちの生活」（仮の小単元名）　内容(4)のイ

〈考えるようにすること〉
- 情報化の進展は国民生活に大きな影響を与えていること
- 情報の有効な活用が大切であること

〈考えるための手がかり〉
- 情報化した社会と国民生活とのかかわり

〈期待される子どもの理解や考えの方向〉
- 情報ネットワークにより，情報を共有した協力や連携が進み，人々へのサービスが向上している事例があります。それは…
- ○○情報ネットワークは，情報を有効に活用しています。なぜなら…
- わたしたちがネットワークに参加するときは情報の発信者になっています。わたしたちの責任は…

〈調べる具体的な事実〉
- 多種多様な情報を必要に応じて瞬時に受信したり発信したりすることができる情報ネットワークの働きが公共サービス（教育，福祉，医療，防災から選択）の向上に利用され，国民生活にさまざまな影響を及ぼしていること
- 情報化の進展によって人々の生活の向上が図られていること　など

● 取り上げる事項例

① 情報ネットワークを活用して公共サービスの向上に努めている事例を「教育」「福祉」「医療」「防災」の中から選択して取り上げる。

② 多種多様な情報を瞬時に受信したり発信したりすることができる情報ネットワークの働きが公共サービスの向上のために利用され，国民生活にさまざまな影響を及ぼしていることを取り上げるようにする。

● 取り上げる際の留意点

① 情報ネットワークをコンピュータ等の仕組み理解に終わらせず，人の働きと人の働きの結びつきであることを大切にする。

② 情報が結びつくことにより，人の働きが向上したり新しい働きが生まれたりすることを考えさせるようにする。

③ 公共サービスは，「公共性の高いサービス」として広くとらえ，官民が協力している取組みもよい。しかし，民間サービス（コンビニなど）に入りすぎると「企業戦略」の学習になってしまう点に留意する。

④ 「なぜこうしたネットワークができるようになったか」などと問いかけ，「情報機器の発達や普及」「容易にネット参加できる社会」「迅速な情報に頼る社会」など，情報化した社会の様子に気づくようにする。

⑤ 自分たちも，日常生活でさまざまな情報ネットワークに参加することがあり，情報の送り手としての責任があることに気づくようにする。

```
第5学年「食料（工業）生産の盛んな地域」の学習において「情報の働き」を
取り上げる例
                                                            内容(2),(3)のウ
〈考えるようにすること〉              〈考えるための手がかり〉
┌─────────────────────┐     ┌─────────────────────┐
│●わが国の農業や水産業は，国民の食料│     │●食料生産に従事している人々の工夫や│
│ を確保する重要な役割を果たしている│ ←── │ 努力，生産地と消費地を結ぶ運輸など│
│ ことや自然環境と深いかかわりをもっ│     │ の働き　((2)のウ)                │
│ て営まれていること               │     │●工業生産に従事している人々の工夫や│
│●わが国の工業生産は，国民生活を支え│     │ 努力，工業生産を支える貿易や運輸な│
│ る重要な役割を果たしていること   │     │ どの働き　((3)のウ)              │
└─────────────────────┘     └─────────────────────┘
                                                            ↑
〈期待される子どもの理解や考えの方向〉  〈調べる具体的な事実〉（情報の活用）
┌─────────────────────┐
│・農業や水産業は気候などの自然環境による│  (食料生産の場合)
│ 影響を大きく受けるので，収入安定のため│  ・インターネットを活用して相場の情報を市
│ さまざまな工夫をしています。例えば…  │   場からいち早く入手し，出荷する場所，量，
│・農業や水産業の新しい取組みとして…のよ│   時期を判断していること　など
│ うに情報を有効活用している例があり，こ│  (工業生産の場合)
│ れからの発展が期待できます。          │  ・製品の研究開発　など
│・工業生産は，…のように情報を活用した研│
│ 究開発を行い，国民生活を便利に変えてい│  ＊実際には農業，水産業，工業の小単元の中
│ ます。また，生産効率を高めるために消費│   の一部の時間の扱いとすることが考えられ
│ 者ニーズなどの情報を活用して…        │   ます。
└─────────────────────┘
```

●取り上げる事項例

① 必ず取り上げる内容ではなく，上記の「運輸など」という記述からもわかるように，「国民生活を支えていること」や「自然環境と深いかかわりをもって営まれていること」を考えるようにするために，加えて取り上げる工夫ができる内容である。

② 食料生産の学習では，流通過程に目を向けるとよい。市場価格の動向を調査して出荷の時期や場所，水揚げ漁港などを決める工夫，情報開示によって安心感を高める工夫，インターネットによる販売など，さまざまな情報活用の姿の教材化が考えられる。

③ 工業生産の学習では，生産過程に目を向けるとよい。新製品の研究開発，生産ラインの管理，関連工場との連絡などの教材化が考えられる。

●取り上げる際の留意点

さまざまな課題に負けずに，産業の未来に目を向けて取り組んでいる人々の工夫や努力を子どもに見せるようにしたい。情報を活用した最先端技術を教材化することも，産業の発展に関心をもたせることにつながる。

② 「法やきまり」をどう取り上げるか

第3学年および第4学年「ごみの処理と再利用」（仮の小単元名）　内容(3)のア，イ

〈考えるようにすること〉
- 廃棄物の処理の対策や事業は，地域の人々の健康な生活や良好な生活環境の維持と向上に役立っていること

〈考えるための手がかり〉
- 廃棄物の処理とわたしたちの生活や産業とのかかわり
- これらの対策や事業は計画的，協力的に進められていること

〈期待される子どもの理解や考えの方向〉
- 法や自分たちが決めたきまりを守ることは，自分たちの健康な生活や良好な環境を守るうえで大切です。それは例えば…
- 法やきまりは，公共社会で生活するわたしたちのための約束ごとで，守ることが社会に参加する基本の第一歩になります。なぜかというと…

〈調べる具体的な事実〉（法やきまり）
- 市役所や町役場や町内会などが地域の人々と協力して，ごみの出し方や集積所などに関するきまりを決めていること
- 地域の人々が資源の再利用や生活排水の適正な処理などに関する法やきまりを守って生活していること　など

●取り上げる事項例
① 市役所や町役場や町内会などが地域の人々と協力して，ごみの出し方や集積所のきまりを決めて守っていることを取り上げるようにする。
② 地域の人々が資源の再利用や生活排水の適正な処理などに関する法やきまりを守って生活していることを取り上げるようにする。
③ 「飲料水や電気，ガスの確保」の学習で，法やきまりを取り上げる際には，水道は公共事業として，電気，ガスは公益事業として，それぞれ地方公共団体や民間企業が進めており，それらは法律によって基準が定められ安全性や供給量が確保されていることを取り上げることが考えられる。

●取り上げる際の留意点
① 法や自分たちが決めたきまりを守ることが，地域の健康な生活や良好な生活環境の維持と向上を図るうえで大切であることに気づくようにする。
② 廃棄物の再利用や生活排水の適正な処理などに関する法律を取り上げる場合にも，法律名や条文をそのまま提示する必要はなく，「こんなきまりが定められている」と目的や内容を簡潔に伝える方法が考えられる。

第3学年および第4学年「安全なくらしを守る」（仮の小単元名）　　内容(4)のア，イ

〈考えるようにすること〉
- 地域社会における災害および事故から人々の安全を守るための関係機関の働きとそこに従事している人々や地域の人々の工夫や努力

〈考えるための手がかり〉
- 関係機関は地域の人々と協力して，災害や事故の防止に努めていること
- 関係の諸機関が相互に連携して，緊急に対処する体制をとっていること

〈期待される子どもの理解や考えの方向〉
- 法や自分たちが決めたきまりを守ることは，自分たちの安全な生活を守るうえで大切です。それは例えば…
- 法やきまりは公の働き（公助）で，自分たちの安全を自分たちで守ること（自助）も必要です。地域の人々はそんな考えで協力しています（共助）。なぜなら…

〈調べる具体的な事実〉
（事故の防止の場合）
- 登下校のきまりや交通事故の防止などに関する法やきまり
- 地域の人々が関係機関と協力して法やきまりを守ることを呼びかけたり子どもたちに教えたりして，地域の事故防止や防犯に努めていること　など

● 取り上げる事項例
① 登下校のきまりや，交通事故の防止などに関する法やきまりを取り上げる。
② 地域の人々が関係機関と協力して，法やきまりを守ることを呼びかけたり，子どもたちに教えたりして，地域の事故防止や防犯に努めていることを取り上げるようにする。
③ 消火や防火のための施設・設備は，設置基準（きまり）や点検義務があり，使用に支障が生じるような行為（消火栓付近の駐車など）は法律違反となることを取り上げることも考えられる。
④ 警察署の人々の仕事は，人々が法を守るように促すことであり，警察官も法に基づき職務を行っていることを取り上げることも考えられる。

● 取り上げる際の留意点
① 法やきまりを「公助」として位置づけ，共助や自助を考えるようにすることも考えられる。
② 「法」と「きまり」を区分して理解させる必要はなく，道路交通法を「交通ルール」として示すなど，子どもにわかりやすい言葉を使うとよい。
③ 道路標識や横断歩道などの目的や設置基準を調べるなど，目に見える具体物から法やきまりを考えさせる方法もよい。

```
┌─────────────────────────────────────────────────────────────┐
│ 第6学年「わが国の政治の働き」に関する学習において「国民の司法参加」│
│ を取り上げる例                                               │
│                                              内容(2)のア     │
│ 〈考えるようにすること〉      〈考えるための手がかり〉        │
│ ┌──────────────────┐      ┌──────────────────┐         │
│ │●わが国の政治の働きについて│◀──│●国民生活には地方公共団体や国の政治│
│ │ 国民主権と関連づけて政治は│  │ の働きが反映していること        │
│ │ 国民生活の安定と向上を図る│  │                              │
│ │ ために大切な働きをしている│  └──────────────────┘         │
│ │ こと                    │                  ▲              │
│ └──────────────────┘                  │              │
│                                              │              │
│ 〈期待される子どもの理解や考えの方向〉                       │
│ ┌ ─ ─ ─ ─ ─ ─ ─ ─ ─ ─ ┐  〈調べる具体的な事実〉(国民の司法参加)│
│ │・裁判員制度は,国民の見方や│  ・国民が裁判に参加する裁判員制度    │
│ │ 感じ方を取り入れることに │  ・法律に基づいて行われる裁判と国民生活と│
│ │ より,司法に対する信頼を │   のかかわり　など              │
│ │ 高めるための取組みです。 │                              │
│ │ 例えば…                │ *実際には「わが国の政治の働き」の小単元│
│ │・国民にとっても裁判が身近│  の中の一部の時間の扱いとすることが考え│
│ │ でわかりやすいものとなり,│  られます。                      │
│ │ 裁判への関心が高まります。│                              │
│ │ それは国が行うことを国任 │                              │
│ │ せにしないで,国民も自ら…│                              │
│ └ ─ ─ ─ ─ ─ ─ ─ ─ ─ ─ ┘                              │
└─────────────────────────────────────────────────────────────┘
```

●取り上げる事項例

① 国民が裁判に参加する裁判員制度を取り上げ,裁判員制度の仕組みを調べたり,なぜ必要なのかを考えたりする。

② 国会,内閣,裁判所の三権相互の関連を学ぶ際に触れることも考えられる。裁判員制度は,裁判員法という法律ができて行われている制度であり,裁判は法律に基づいて進められていることを取り上げることができる。

●取り上げる際の留意点

① 国が行うことに国民が参加することは大切なことであり,選挙で投票することと同様に,国民が政治や司法の仕組みや働きに関心を高めることが大切であることに気づくようにする。

② 政治の働きに関する学習であり,裁判の仕組みについて詳しく取り上げる必要はない。したがって,小単元の内容構成や時間数,中学校社会科の公民的分野との棲み分けなどを考え,裁判事例などの詳細な内容に踏み込みすぎないように配慮することが大切である。

③ 「金融・経済」をどう取り上げるか

第5学年「食料(工業)生産の盛んな地域」の学習において「価格や費用」を取り上げる例	
〈考えるようにすること〉	〈考えるための手がかり〉　内容(2),(3)のウ
●わが国の農業や水産業は，国民の食料を確保する重要な役割を果たしていることや自然環境と深いかかわりをもって営まれていること ●わが国の工業生産は，国民生活を支える重要な役割を果たしていること	●食料生産に従事している人々の工夫や努力，生産地と消費地を結ぶ運輸などの働き（(2)のウ） ●工業生産に従事している人々の工夫や努力，工業生産を支える貿易や運輸などの働き（(3)のウ）
〈期待される子どもの理解や考えの方向〉	〈調べる具体的な事実〉（価格や費用）
・野菜や魚などは価格が不安定なのに，生産のための費用は変わらずにかかります。そのため，安定的な生産や供給のための工夫が必要です。例えば… ・農作物や水産物，工業製品は，わたしたちのもとに届くまでの過程（作る・獲る，運ぶ，販売するなど）で，さまざまな費用がかかります。それはどのような人の仕事がかかわっているかを調べるとわかります。例えば…	〔食料生産の場合〕 ・野菜や魚など生鮮食料品の価格は時期や場所によって変わること，生産の過程でさまざまな費用がかかることや生産物を消費地まで運ぶためには費用がかかること　など 〔工業生産の場合〕 ・製造の過程でさまざまな費用がかかること，原材料の確保や製品の輸送のための費用がかかることやそれらの費用が価格に影響を与えていること　など

＊実際には農業，水産業，工業の小単元の中の一部の時間の扱いとすることが考えられます。

●取り上げる事項例

① 食料生産では，かかった費用に利益を上乗せして価格が設定できるわけではなく，価格は市場で形成される。そのことを，気候とのかかわりや需要との関係などにふれながら取り上げるようにする。

② 工業生産では，原料から製品になり消費者に届けられるまでにさまざまな費用がかかること，それらが価格に反映されていることを取り上げるようにする。

●取り上げる際の留意点

① 産業に従事している人々の工夫や努力のうち，生産を高める工夫や運輸の働きなどにかかわらせて取り上げるようにする。

② 生産地から消費者の家までのルートマップなどを作らせ，それぞれの場面でかかる費用を位置づけさせる方法などがある。

③ 食料生産の学習では，不安定な収入に負けず，それをさまざまな工夫・努力（直売，契約栽培など）で乗り越えようとしている姿（産業としての工夫や努力）を教材化したい。

④ 「防災」をどう取り上げるか

第3学年および第4学年「安全なくらしを守る」の学習において
「地域の人々の協力活動」を取り上げる例

内容(4)のア

〈考えるようにすること〉
● 地域社会における災害および事故から人々の安全を守るための関係機関の働きとそこに従事している人々や地域の人々の工夫や努力

〈考えるための手がかり〉
● 関係機関は地域の人々と協力して、災害や事故の防止に努めていること

〈期待される子どもの理解や考えの方向〉
・わたしたちのまちでは、関係機関と協力して自分たちの安全を守っている取組みがあります。それは例えば…
・まちの安全は、まちの人々が互いに協力したり助け合ったりして守ることが大切だと思います。なぜなら…
・わたしも地域の一員として、自分の安全は自分で守ることができるように…

〈調べる具体的な事実〉〈地域の人々の協力活動〉
(火災の場合)
・消防署や警察署などの関係機関が、地域の人々と協力して、災害や事故による被害を未然に防ぐ努力をしていること
・市役所や町役場、病院、放送局、学校、電気・ガス・水を供給している機関などが、普段から施設・設備の整備や点検、訓練、広報活動などに取り組んでいること
・地域の人々が消防署への火災通報、避難訓練の実施、地域の消防団による防火を呼びかける活動などの火災予防に協力していること　など

● 取り上げる事項例
① 「地域の人々の協力活動」を「共助」として取り上げ、「公助」（関係機関が安全を守る働き、法やきまり）、「自助」（自分の安全は自分で守ること）の3つの視点で内容構成することが考えられる。
② 地域の人々の協力活動は、火災の場合には、通報や避難訓練、消防団の予防訓練への参加などを取り上げ、事故防止の場合には、地域巡回や子ども110番の家、地域安全マップの作成などを取り上げるようにする。

● 取り上げる際の留意点
① 自分たちの身近な人々（町内会の人、保護者など）が自らの安全や子どもたちの安全を守っている姿を教材化し、社会参加の大切さや協力の大切さを考えるための「行動モデル」として見せるようにする。
② 消防団は地域の人々の代表でもあるが、関係機関の一部とも解釈できるので、消防団の訓練などへの町の人々の参加や協力も加えて、「地域の人々の協力活動」として教材化するように意図したい。

> **第5学年「自然災害の防止」**（仮の小単元名）　　　　　　　　　　　　　内容(1)のエ
>
> 〈考えるようにすること〉　　　　　　　　　〈考えるための手がかり〉
> ●わが国の国土の環境が人々の生活や産　　　●国土の保全などのための森林資源の働
> 　業と密接な関連をもっていること　　　←　　きおよび自然災害の防止
>
> 〈期待される子どもの理解や考えの方向〉　　〈調べる具体的な事実〉（自然災害の防止）
> ・わが国の国土は，地形や気候との関係で自　・わが国の国土では地震や津波，風水害，土
> 　然災害が起こりやすいのです。例えば…　　　砂災害，雪害などのさまざまな自然災害が
> ・国民生活は国土の環境から大きな影響を受　　起こりやすいこと
> 　けます。一方で国土の環境を守ることがで　・地震や津波，火山活動，台風や長雨による
> 　きるのも国民です。わたしたちは…　　　　　水害や土砂崩れ，雪害などの被害の様子
> ・日ごろから防災に関する情報に関心をもつ　・自然災害の被害を防止するために国や県
> 　など意識を高めることが大切です。なぜな　　（都，道，府）などがさまざまな対策や事業
> 　ら…　　　　　　　　　　　　　　　　　　　を進めていること　　など

●取り上げる事項例

① わが国の国土の環境についての理解を深める観点から，自然災害が起こりやすい国土の様子を，地形条件や気候条件などからとらえるようにする。

② 国や県（都，道，府）などの自然災害の防止対策（砂防ダムや堤防の整備，ハザードマップの作成など）を取り上げるようにする。

●取り上げる際の留意点

① 国土の自然などに関する学習であり，国土と国民生活や産業との密接な関連を考えるようにする内容である。防災学習に終始しないように留意することが大切である。

② 日ごろから防災に関する情報などに関心をもつなど，国民一人一人が防災意識を高めることが大切であることに気づくようにする。

③ 第3学年および第4学年の内容（例えば「火事から安全を守る」など）との違いを踏まえて，国土全体から見る，さまざまな自然災害にふれる，国や県レベルの対策についてふれるなどの工夫が必要である。

④ 土砂災害を中心に取り上げて，「森林資源の働き」の内容とつなぐ方法も考えられる。

⑤ 地震を取り上げる際に，地震のメカニズムにふれることも考えられるが，理科の内容と棲み分け微細な事柄に入りすぎないように留意する。

> 第5学年「情報ネットワークとわたしたちの生活」において事例として「防災」を取り上げる例
> 内容(4)のイ
>
> 〈考えるようにすること〉
> - 情報化の進展は国民生活に大きな影響を与えていること
> - 情報の有効な活用が大切であること
>
> 〈考えるための手がかり〉
> - 情報化した社会と国民生活とのかかわり
>
> 〈期待される子どもの理解や考えの方向〉
> ・情報ネットワークにより，情報を共有した協力や連携が進み，人々の防災安全が守られている事例があります。それは…
> ・○○防災情報ネットワークは，情報を有効に活用しています。なぜなら…
> ・わたしたちは防災情報ネットワークに参加することが大切です。その際のわたしたちの責任は…
>
> 〈調べる具体的な事実〉
> （防災のための情報ネットワーク事例）
> ・多種多様な情報を必要に応じて瞬時に受信したり発信したりすることができる情報ネットワークの働きが公共サービス（防災）の向上に利用され，国民生活にさまざまな影響を及ぼしていること
> ・情報化の進展によって人々の生活の向上が図られていること　など
>
> ＊例示されている「教育」「福祉」「医療」「防災」の中から「防災」を選択した例

●取り上げる事項例

① 「教育」「福祉」「医療」「防災」の中から選んで取り上げる。

② 緊急地震速報や土砂災害の監視システムなど，気象庁（気象台），放送局，行政などが連携して，人々の安全を守る目的で構成しているネットワークなどを取り上げるようにする。

③ 緊急地震速報は，二次災害の防止を含めて多様な機関で活用しており，その広がりの多様性を取り上げるようにする。災害発生を知らせるメール配信や地域放送局の情報提供などであれば，自分たちも被害情報の提供や伝言ダイヤルなどを通して，ネットワークに参加する立場になることを取り上げることも考えられる。

●取り上げる際の留意点

① 防災の学習に終始したり，パソコンのネットワーク学習に終始したりしないように配慮する。人の働き相互の結びつきであるという考え方が大切である。

② 情報機器の発達によりネットワークが構築されたことや，自分たちの手軽な参加が可能になったことなどを考えるようにし，情報化社会の様子に気づくようにすることも大切である。

⑤ 「エネルギー・資源」をどう取り上げるか

第3学年および第4学年「わたしたちの生活を支える水」（仮の小単元名）

内容(3)のア, イ

〈考えるようにすること〉
- 飲料水（電気, ガス）の確保のための対策や事業は, 地域の人々の健康や生活や良好な生活環境の維持と向上に役立っていること

〈考えるための手がかり〉
- 飲料水（電気, ガス）の確保とわたしたちの生活や産業とのかかわり
- これらの対策や事業は計画的, 協力的に進められていること

〈期待される子どもの理解や考えの方向〉
- わたしたちのまちには, 節水の取組みがあります。例えば…
- 飲料水（電気, ガス）などは, 無駄な使い方を見直し, 有効に利用することが大切です。なぜなら…

〈調べる具体的な事実〉（節水, 節電）
- 家庭や学校, 公共施設, 会社や工場などで取り組んでいる節水（節電）のための努力
- 飲料水（電気）をつくるために必要な資源には限りがあること　など

●取り上げる事項例

① 家庭や学校, 公共施設, 会社や工場などで取り組んでいる節水（節電）のための工夫や努力を取り上げるようにする。

② 飲料水をつくるもとになっている水源林や川の水は資源であり, 天候や地形などの条件によって枯渇することもあること（資源の有限性）を取り上げる（電気やガスの場合には, 燃料のもとになる資源を外国からの輸入に依存していることを取り上げる）ようにする。

●取り上げる際の留意点

① 仕組みや考え方だけではなく, 身近で具体的な取組みを教材化するようにする。

② 自らも協力しようとする態度を育てるようにする。その際, 公共（公益）事業の働きを調べる → 地域の人々の協力活動を調べる → 自分なりの協力を考える, という流れで展開し, 家庭科の内容と棲み分け, 「家族や自分の節水活動」始めにありきにならないよう留意する。

③ 電気やガスを扱う場合, 外国からの燃料輸入やわが国のエネルギー自給率などにふれ, 資源・エネルギー問題への関心を高めることなども考えられる。

新しい内容の実践上のポイント

2 伝統や文化に関する内容の充実

　学習指導要領では，各教科等で「伝統や文化に関する教育の充実」が求められています。グローバル化が進行する国際社会において活躍できる日本人を育成するため，「他国を尊重し，国際社会の平和と発展に寄与する態度を育成するとともに，わが国や郷土の伝統や文化に関する理解と関心を深め，それらを尊重し，継承・発展させようとする態度や能力を育てること」がいっそう求められるようになったからです。

　社会科においても，以下のように内容の充実が示されました。

●伝統や文化に関する内容の充実
第3学年および第4学年
- 市の様子を観察する学習で「古くから残る建造物」を扱う。
- 県の様子を調べる事例として「伝統や文化などの地域の資源を保護・活用している地域」を取り上げる。

第6学年
- わが国の歴史に「狩猟・採集」が追加され，「室町文化」や江戸時代の「町人文化，新しい学問」に関する内容が独立して示された。
- 代表的な文化遺産として，国宝，重要文化財，世界文化遺産を扱う。

　これらの内容を含め，伝統や文化に関する内容の学習では，伝統や文化は長い歴史を経て築かれてきたものであること，そうした遠い祖先の生活，人々の工夫や努力が今日の自分たちの生活と深くかかわっていることに気づかせることが大切です。伝統や文化をただ過去のものとして見るのではなく，「工夫・努力」とそうした先人の働きの「継承」を知ることが大切です。そのことが「わが国や郷土の伝統や文化を受け止め，そのよさを継承・発展させようとする態度」や「国際社会で活躍する日本人を育てること」につながるという考え方です。

　ここでいくつかの内容について，学習指導要領の内容および解説の記述を図に整理して，伝統や文化をどのように取り上げて（教材化して）学習を進めればよいかについて説明していきます。

① 「伝統や文化」をどう取り上げるか

> 第3学年および第4学年「身近な地域や市の様子」において
> 「古くから残る建造物」を取り上げる例　　　　　　　　内容(1)のア
>
> 〈考えるようにすること〉
> ●自分たちの住んでいる身近な地域や市（区，町，村）における地域の様子は場所によって違いがあること
>
> 〈考えるための手がかり〉
> ●身近な地域や市（区，町，村）の特色ある地形，土地利用の様子，おもな公共施設などの場所と働き，交通の様子，古くから残る建造物
>
> 〈期待される子どもの理解や考えの方向〉
> ・わたしたちのまちには，歴史のある建物があります。それが建てられたころは…
> ・○○町の家並みは，市によって保存することが指定されています。その理由は…．
>
> 〈調べる具体的な事実〉（古くから残る建造物）
> ・神社，寺院，伝統的な家屋の様子など
> ・門前町，城下町，宿場町などの伝統的な家並みの様子
> ・それらの昔の様子やいわれ　など

●取り上げる事項例

① 身近な地域（学校の周りなど）の様子や市（区，町，村）の様子を調べる際に，地域に古くから残るものとして取り上げるようにする。

② 建物であれば神社，寺院，伝統的な家屋などを，家並みであれば，門前町，城下町，宿場町などを取り上げるようにする。

③ 見学して地図上で場所を確かめたり，昔の様子やいわれを聞いたりして，それを絵や吹き出しなどで白地図に記入する。

●取り上げる際の留意点

① 「地域には歴史的な町並みがある」「昔から守られている大事な建物がある」といった時間的な見方の基礎を育てる「標」と考え，微細な内容に深入りはしないようにする。

② 「古く」とはいつからなのかという基準は，学習指導要領および解説では明確にしていないが，市などによる文化遺産指定等があれば，「保存」の意思が明確であるので取り上げやすい。そうでない場合には「昔から地域の人々に愛されてきた」などの人々の声を聞けるようにするとよい。

> **第３学年および第４学年「伝統を生かす〇〇町」** （仮の小単元名）　　内容(6)のウ
>
> 〈考えるようにすること〉　　　　　〈考えるための手がかり〉
> ●県（都，道，府）の特色　　←　　●県（都，道，府）内の特色ある地域の
> 　　　　　　　　　　　　　　　　　　人々の生活
>
> 〈期待される子どもの理解や考えの方向〉　〈調べる具体的な事実〉
> 　　　　　　　　　　　　　　　　　　　（伝統や文化を保護・活用している地域）
> ・〇〇町は，伝統的な〜を守る努力を続け，い　・歴史ある建造物や街並み，祭りなどの地域
> 　まはそれを生かして，観光客が集まるにぎ　　の伝統や文化を受け継ぎ保護・活用しなが
> 　やかなまちづくりを進めています。例えば…　　ら，地域の人々が互いに協力して，特色あ
> ・〇〇町の発展のために，〜さんグループや　　　るまちづくりや観光などの産業の発展に努
> 　行政，地域の人々が協力して取り組みまち　　　めている地域の様子
> 　の発展への努力をしています。例えば…
>
> ＊県（都，道，府）内の地場産業の盛んな地域のほかに取り上げます。地域資源としては，「自然
> 　環境」か「伝統や文化」か，どちらかを選択します。

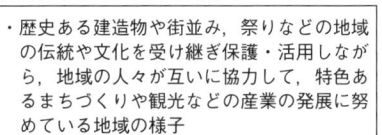

●取り上げる事項例

① 県（都，道，府）内の特色ある地域の学習として取り上げる。

② 歴史ある建造物や街並み，祭りなどの地域の伝統や文化を受けつぎ，それらを地域の資源として守り，生かしながら，地域の人々が互いに協力して，特色あるまちづくりや観光などの産業の発展に努めている地域を取り上げるようにする。

●取り上げる際の留意点

① 自分たちの住んでいる市（町，村）とは様子の異なる地域を取り上げ，比較しながら，県（都，道，府）全体の特色をとらえるようにする。

② 県（都，道，府）を代表するような事例が望ましいが，必ずしもそういう事例が見つからない場合も多い。その場合，地場産業の学習や自分たちの住んでいる地域の様子と併せて，「県（都，道，府）内に様子や特色の異なる地域がいくつかあること」自体を，自分たちの県（都，道，府）の特色としてとらえさせることが考えられる。

③ 保護してきた取組み，資源としてまちづくりに生かそうとしている取組みなどにおいて，行政や地域の人々が協力する様子を教材化したい。

④ 基本的には伝統的な工業などの地場産業の盛んな地域とは，別の小単元として構成する。地場産業とかかわらせて単元構成するには，観光業の活性化やまちづくりなど，「活用」が見られることが条件になる。

| 第3学年および第4学年「祭りを受け継ぐ人々」（仮の小単元名） | 内容(5)のイ |

〈考えるようにすること〉
●地域の人々の願い
（生活の安定と向上に対する地域の人々の願いや保存・継承するための工夫や努力）

〈考えるための手がかり〉
●地域の人々が受け継いできた文化財や年中行事

〈期待される子どもの理解や考えの方向〉
・○○祭りには，古くから稲作や地域の発展，人々のまとまりへの願いが込められてきました。それは，例えば…
・○○祭りが今まで何十年も続いている理由は…
・○○祭りのお囃子は，～さんたちの努力によって受け継がれてきました。これからのことを考えるとわたしたちは…

〈調べる具体的な事実〉
・民俗芸能などの文化財が地域の歴史を伝えるとともに，そこにはそれらの保存に取り組んでいる人々の努力が見られること
・地域の人々が楽しみにしている祭りなどの年中行事には，地域の生産活動やまちの発展，人々のまとまりへの願いが見られること　など

●取り上げる事項例
① 地域の歴史を学習する際に，古くから残る文化財や年中行事を取り上げ，これらの内容やいわれ，地域の人々がそれらを大切に保存し継承するための取組みなどを取り上げるようにする。
② 民俗芸能（例：お囃子）などの文化財には，地域の歴史を伝えるとともに，そこにはそれらの保存に取り組んでいる人々の努力が見られることや，地域の人々が楽しみにしている祭りなどの年中行事には，地域の生産活動やまちの発展，人々のまとまりなどへの願いが見られることを取り上げるようにする。

●取り上げる際の留意点
① 見学・調査したり，実際に保存・継承してきた人から話を聞いたりする活動を大切にする。受け継いできた取組みを年表などによって，年月や努力の足跡がわかるように資料化することも大切である。
② 行事に参加した児童の体験談を紹介し合ったり，祭りを運営する人から若者の参加が減少している話を聞くなどして，自分たちも地域の伝統や文化を受け継いでいく一人であるという意識を高めるようにしたい。

```
第6学年「大昔の暮らしと国土の統一」（仮の小単元名）          内容(1)のア
〈わかるようにすること〉              〈取り上げる歴史的事象〉
┌─────────────────────────┐    ┌─────────────────────────┐
│ ●大和朝廷による国土の統一の様子 │ ◄─ │ ●狩猟・採集や農耕の生活       │
│                         │    │ ●古墳                   │
└─────────────────────────┘    └─────────────────────────┘
                                           ▲
                              〈調べる具体的な事実〉
〈期待される子どもの理解や考えの方向〉   （狩猟・採集や農耕の生活）
┌─────────────────────────┐    ┌─────────────────────────┐
│・わたしたちの生活のルーツは，狩猟や採集，│ │・農耕が始まったころの人々の生活や社会の│
│ 農耕が始まったころの人々の生活を調べる│ │ 様子                    │
│ ことでわかります。そこに見られる特徴は│ │・貝塚や集落跡，水田跡などの遺跡，土器や│
│ …                      │ │ 農具などの遺物             │
│・日本には豊かな自然があり，大昔の人々は│ │・日本列島では長い期間，豊かな自然の中で│
│ その自然を生かして暮らしていました。例│ │ 狩猟や採集の生活が営まれていたこと  │
│ えば…                   │ │                    など│
└─────────────────────────┘    └─────────────────────────┘
```

●取り上げる事項例

① 「わが国の歴史上のおもな事象」学習の導入段階の内容として，縄文時代などを取り上げる際に「狩猟や採集をして暮らしていたころの人々の生活の様子」を取り上げる。

② 貝塚や集落跡，土器などの遺跡を取り上げ，日本列島では長い期間，豊かな自然の中で狩猟や採集の生活が営まれていたこと，日本人の「衣・食・住」などの生活様式の起源はこのころにあったことに気づくようにする。

●取り上げる際の留意点

① 縄文時代と弥生時代の人々の暮らしの様子を大まかに比較することはよいが，時代の明確な区分にはさまざまな見解があるため，区分することよりも，「狩猟・採集から農耕へ」と一連の変化の流れとしてとらえさせることに留意する。

② 遺跡を見学したり博物館や資料館などで遺物などを観察したりして，それらをもとに当時の人々の生活の様子を想像して話し合ったり社会の様子を考えたりする活動などが考えられる。

③ 土器づくりなどの体験的な活動は，小単元の目標や時間数との関係でむずかしい面がある。実施する場合には，他教科等との連携などの工夫が必要である。

| 第6学年「いまに受け継がれる室町文化」(仮の小単元名) | 内容(1)のエ |

〈わかるようにすること〉	〈取り上げる歴史的事象〉
●室町文化が生まれたこと ←	●京都の室町に幕府が置かれたころの代表的な建造物や絵画 ↑

〈期待される子どもの理解や考えの方向〉	〈調べる具体的な事実〉
・室町時代の文化は,水墨画や能,生け花など,落ち着いた感じのする日本人らしい文化です。なぜなら… ・当時の建物様式の一部や茶の湯,生け花,水墨画など,このころの文化は,いまの時代の人々に,さまざまな形で受け継がれていることがわかります。例えば…	・京都の室町に幕府が置かれたころに,足利義満や足利義政によって金閣や銀閣などの代表的な建造物が建てられたこと ・雪舟によってわが国の水墨画を代表する作品が生み出されたこと　など

●取り上げる事項例

① 室町文化として,代表的な建造物と代表的な絵画を両方取り上げるようにする。

② 例えば,足利義満が建てた金閣や足利義政が建てた銀閣,雪舟が描いた水墨画などを取り上げる。

③ ここで生まれた文化が,いまも多くの人に親しまれていることを取り上げるようにする。

●取り上げる際の留意点

① 書院造りの影響を受けている伝統的な家屋を調べたり,水墨画を描く体験を行ったりして,このころの文化に関心をもつようにすることが考えられる。

② 能,茶の湯,生け花などを関連的に取り上げる方法も考えられる。

③ 体験活動は時間数を要する。水墨画を描いたり茶の湯を立てたりするのではなく,大和絵などほかの時代の絵画と比較しながら雪舟の作品を鑑賞する体験も効果的である。その際,技術の巧みさだけでなく,中国の文化を取り入れ,わが国独自の文化として完成させたこと,その価値は現在でも評価され,国宝に指定されている作品があることなどをとらえるようにすることも考えられる。

新しい内容の実践上のポイント

3 基礎的・基本的な知識の重視

　基礎的・基本的な知識を重視することが，あらためて求められています。広い視野から地域社会やわが国の国土に対する理解をいっそう深め，日本人としての自覚をもって国際社会で主体的に生きていくための基盤となる知識・技能を身につけることが，あらためて求められたことを背景としています。

　例えば，地図帳や地球儀の活用をいっそう重視することです。また，47都道府県の名称と位置，世界のおもな大陸や海洋，おもな国の名称と位置などを調べる学習を新たに加え，自分たちの住む県（都，道，府）の位置，世界の中でのわが国の位置および領土を，とらえることができるようにすることなどです。

●学習や生活の基盤となる知識
第3学年および第4学年
・自分たちの住んでいる身近な市の様子を調べる学習で「方位やおもな地図記号」について扱う。
・県の学習で「47都道府県の名称と位置」を取り上げる。
第5学年
・わが国の国土の自然などの様子について学習する際に「世界のおもな大陸と海洋」「おもな国の名称と位置」「わが国の位置と領土」を取り上げる。

　上記以外にも，その後の学習や生活の基盤となる基礎的・基本的な知識はたくさんありますが，学習指導要領では，それらのすべてを示しているわけではありません。実際に行われる社会科の授業では，学習する内容が地域教材の開発や事例の選択によって決まることが多いので，学習指導要領では規定しきれないのです。各学校や先生方が学年の内容に即して，基礎的・基本的な知識は何かを整理しておくことが大切です。

　ここでは，上記の内容について，学習指導要領の内容および解説の記述を図に整理して，基礎的・基本的な知識をどのように取り上げて学習を進めればよいのかについて説明していきます。

① 基礎的・基本的な知識をどのように身につけさせるか

```
第3学年および第4学年「方位・地図記号」
```

地図に表したり，地図を読み取ったりする際に必要となる方位や地図記号を理解し，活用できるようにする。

（活用できるようにする）

四方位と八方位
＊八方位は第4学年終了までに

・地図は北を上に表現する（教室の前は北？）
・方位は相対的なもの

描図（身近な地域）と読図（市）に必要な地図記号

・絵地図から地図記号の必要性に気づかせる
・地図記号のいわれや新しい記号などを紹介する

活用しながら身につけていく継続的な指導を

● 取り上げる事項例

① 調べたことを平面地図に表したり，平面地図から情報を読み取ったりする際に，方位や地図記号を取り上げる。

② 地図記号は，身近な地域（学校の周り）や市（区，町，村）の様子を学習する際に必要なものを選んで取り上げるようにする。

● 取り上げる際の留意点

① 始めから教師が地図記号を示すのではなく，例えばグループで分かれて作成した絵地図を大きな平面地図にまとめる際に，同じ記号があると便利なことに気づかせ，地図記号の必要性を考えるようにする方法などが考えられる。

② 地図記号と名称をカードにして，クイズ形式で覚えさせる方法も考えられる。ただし，多くの地図記号を覚えさせることに腐心するのではなく，実際に使ったり読み取ったりして身につけることを重視し，身近な地域や市などの学習で必要なものに絞ることが大切である。

③ 方位については，教室の前面黒板が北であるとは限らないので，方位磁針を使って確かめたり，教室内に方位を掲示したりすることが大切である。

④ 方位は相対的位置を示すものであり，表現する際には「○○の北側」「○○から見て南東」などと対象物の関係を明確にすることが大切である。

```
┌─────────────────────────────────────────────────────────────────┐
│ 第3学年および第4学年「わが国における自分たちの県の地理的位置」│
│                                        47都道府県の名称と位置   │
└─────────────────────────────────────────────────────────────────┘

      ╭─────────╮           ┌──────────┐
      │言い表すこ│           │ 県の特色 │
      │とができる│           └──────────┘
      │ようにする│
      ╰─────────╯

┌──────────────┬──────────────┬──────────────┬──────────────┐
│県内における市│県全体の地形や│県内の特色ある│人々の生活や産│
│およびわが国に│産業，交通網，│地域の人々の生│業と国内の他地│
│おける県の地理│おもな都市の位│活            │域や外国とのか│
│的位置，47都道│置            │              │かわり        │
│府県の名称と位│              │              │              │
│置            │              │              │              │
└──────────────┴──────────────┴──────────────┴──────────────┘

┌─────────────────────────────────┐   ┌──────────────────────────┐
│隣接する県との位置関係や日本全体 │   │   わたしたちの県は，     │
│から見た位置について，方位を用い │──→│・A県やB県，C県に囲まれて │
│て言い表す                       │   │  いる。                  │
├─────────────────────────────────┤   │・日本全体から見ると南の方│
│距離を表す目盛りで，地点間の距離 │   │  にある。                │
│を求める方法があることも         │   │・D県から北に約100kmにある。│
└─────────────────────────────────┘   └──────────────────────────┘

       ・パソコンを使ってズームアップ，ズームインなどの活動を工夫する方法も

          ╭──────────────────────────────────────────────╮
          │ 地図帳の使い方の指導は年間計画のどこに位置づけるか？ │
          ╰──────────────────────────────────────────────╯
```

●取り上げる事項例

① わが国が47の都道府県で構成されていることを取り上げる。都道府県の位置と名称を一つ一つ地図帳などで確かめ，日本地図（白地図）上で指摘できるようにする。

② 自分たちの住んでいる県（都，道，府）を，わが国全体における位置や近隣県との位置関係などからとらえ，県（都，道，府）の特色を考える手がかりとなるようにする。

●取り上げる際の留意点

① 県名等の暗記に終始せずに，位置と名称をセットで確かめるようにし，その後の学習で活用できるようにしていく。

② 自分たちの県の地理的位置を「A県やB県，C県に囲まれている」「日本全体から見ると南の方にある」などと確かめることから始めて，47都道府県へ広げていく方法や，行ったことがある都道府県名をあげさせていく方法なども考えられる。

③ 第5学年の内容になるが，わが国が複数の島で構成されていることに簡単にふれて，「本州の北の方」「九州の南側」などと説明させることにより，位置の理解を深めることなども考えられる。

```
┌─────────────────────────────────────────────────────────────┐
│ 第5学年「世界のおもな大陸と海洋，おもな国の名称と位置，わが国の位置と領土」│
└─────────────────────────────────────────────────────────────┘
         │
┌─────────────────────────────────────────┐
│    国土の環境が人々の生活や産業と密接な関連をもっていること    │
└─────────────────────────────────────────┘
   │         │          │           │
┌──────┐ ┌──────┐ ┌──────┐ ┌──────┐
│世界のおもな大陸と海洋，│国土の地形や気候，│公害から健康や│森林資源の働き│
│おもな国の名称と位置，わ│自然条件で特色ある│環境を守る大切│および自然災害│
│が国の位置と領土 │地域の暮らし │さ │の防止 │
└──────┘ └──────┘ └──────┘ └──────┘

┌─────────────────────────────────────────────────────────────┐
│ ・6大陸と3海洋の名称と位置や広がり                               │
│ ・近隣諸国を含めてユーラシア大陸やその周りの10カ国程度，北アメリカ，南アメリカ， │
│  アフリカ，オーストラリアなどの大陸やその周りの各2カ国程度              │
│   ―日本との位置関係，産業などの学習で活用                          │
│ ・日本を構成するおもな島（北海道，本州，四国，九州，沖縄島，北方領土），領土の   │
│  東西南北端，周りの海，北方領土問題                                │
│   ―日本の位置と領土を具体的に                    ╭──────╮ │
│                                          │言い表すことや│ │
│ ・わが国の位置を世界の広がりの中でとらえ，言い表すこと      │書き表すことがで│ │
│   ①ほかとの関係で位置を示す方法  ②経度と緯度で示す方法   │きるようにする │ │
│ ・地図帳や地球儀の活用                          ╰──────╯ │
│ ・近隣諸国について正式な国名                                    │
│ ・国旗を尊重する態度                                         │
└─────────────────────────────────────────────────────────────┘

┌─────────────────────────────────────────┐
│     世界を概観し，視野を広げて日本の国土環境を見る      │
└─────────────────────────────────────────┘
```

● 取り上げる事項例

① 世界のおもな大陸や海洋については，ユーラシア大陸，北アメリカ大陸，南アメリカ大陸，アフリカ大陸，オーストラリア大陸，南極大陸の6大陸と，太平洋，大西洋，インド洋の3海洋の名称と位置や広がりを取り上げるようにする。

② 世界のおもな国については，近隣諸国を含めてユーラシア大陸やその周りに位置する国々の中から10カ国程度，北アメリカ，南アメリカ，アフリカ，オーストラリアなどの大陸やその周りに位置する国々の中からそれぞれ2カ国程度を取り上げるようにする。

③ わが国の位置と領土については，わが国の国土を構成する北海道，本州，四国，九州，沖縄島，北方領土などのおもな島の名称と位置，わが国の領土の北端，南端，東端，西端，日本列島の周りの海を取り上げるようにする。

● 取り上げる際の留意点

① 地図帳や地球儀などで調べたり，白地図などに書き表したりする。

② 世界のおもな大陸や海洋については，地球儀などを使って，世界全体の様子を概観させながら，海洋や大陸の大きさや位置，わが国の国土との位置関係などを大まかに把握させるようにする。このことにより，球体として地球をとらえる基礎的なイメージができあがる。

③ 「わが国は北半球にあり，ユーラシア大陸の東方に位置し，太平洋と日本海に囲まれている」「南北に連なる大小の島々で構成された島国であり，大韓民国，中華人民共和国，ロシア連邦と隣り合っている」などのように，わが国の位置を世界の広がりの中でとらえ，言い表すことができるようにすることが大切である。

④ 世界のおもな国の名称や位置については，暗記させることに重点をおくのではなく，世界のおもな国々の位置を，大陸，海洋との関係や，日本との関係で大まかにとらえさせることを重視する。「ヨーロッパはフランスのあるあの辺りだな」「オーストラリアは赤道を挟んで日本と反対の南半球にある」などと，諸外国の地理的位置をイメージするための基礎としての「標」になるようにする。

⑤ わが国などの地理的位置の表し方については，経度と緯度で表す方法があることについても取り上げるようにする。

⑥ 世界のおもな大陸や海洋，世界のおもな国については，その後の学習（産業，歴史，世界の中の日本など）の中で登場する際に，随時，地球儀や地図帳などで位置を確かめながら身につけさせるようにすることが大切である。

⑦ 領土については，北方領土の問題についても取り上げ，わが国固有の領土である，歯舞諸島，色丹島，国後島，択捉島が現在ロシア連邦によって不法に占拠されていることや，わが国はその返還を求めていることなどについてもふれるようにする。

おわりに

　教師にとって社会科は指導するのがむずかしい教科だといわれることがあります。確かに指導する内容を教師自身が理解して，教材を研究し資料を準備して，学習活動を構想して，子どもの反応を予想して…などと考えると大変さを感じることはわかります。しかし，ほかの教科もそれは同じではないでしょうか。こうした過程を踏まえないでできる授業があるとすれば，その授業では教科の目標の実現や内容の習得が十分であるかを再考することが必要です。小学校の先生方にとって大切なことは，○○科の研究をするのではなく，○○科を通して授業のあり方を研究することです。

　その点，社会科の授業が巧みにできる先生はほかの教科の授業も巧みであるといわれるように，社会科は授業づくりの一連の作業を教師自身が自覚し，その技術を磨き上げていくのに最適な教科であると思います。次年度の校内研究の教科を決める際には，「どの教科の研究をしたいか」ではなく，「どの教科の授業に困っているか」を議論してみることをお薦めします。なぜなら，その教科を通して教科指導の基本的事項を再確認でき，各教科等における指導力の向上につながるからです。

　平成25年4月に中央教育審議会教育振興基本計画部会から第2期教育振興基本計画についての答申が示されました。そこには，「自立」「協働」「創造」という3つのキーワードが登場します。これらは，今後の教育行政施策のキーワードですが，同時に先生方の授業改善の方向を示すキーワードにもなり得ると感じます。社会科の授業においては，自力で問題を追究する，協働してよりよい解決を図る，知恵を寄せ合い未来に向けて新たなアイディアを創造する，などと考えれば，あてはまる要素が多いことがわかると思います。また，各学校の校内研究や各地域の社会科研究会においても，先生方が自立して学び，協働的な研究で切磋琢磨し，これからの学習指導のあり方を創造する，そんな姿を描くことができます。

　本書は，流行するノウハウ本ではなく，社会科の授業改善に向かう基本的な考え方をいくつか書いているにすぎません。これをもとに先生方がご自分の社会科授業をつくりあげてくださることを心より祈念いたします。

■著者紹介
澤井陽介　さわい・ようすけ（昭和35年・東京生まれ）
国立教育政策研究所　教育課程調査官
文部科学省初等中等教育局　教科調査官

　昭和59年から東京都の大田区，新宿区，世田谷区で小学校教諭，平成12年から都立多摩教育研究所，八王子市教育委員会で指導主事，町田市教育委員会で統括指導主事，教育政策担当副参事を経て，平成21年4月から現職。社会人のスタートは民間企業。平成25年度から初等教育資料編集長。

　平成15〜19年度：教育課程実施状況調査委員，中央教育審議会社会専門部会委員，学習指導要領改訂協力者

　編著に『教師の評価術　小学校社会科編』東洋館出版，『小学校新学習指導要領　ポイントと授業づくり社会』東洋館出版，『"調べ考え表現する"ワーク＆学び方手引き』明治図書，『授業が変わる地球儀活用マニュアルBOOK』明治図書，『新評価規準を生かす授業づくり』ぎょうせい　など。

小学校社会　授業を変える5つのフォーカス
──「よりよい社会の形成に参画する資質や能力の基礎」を培うために

2013年7月20日　初版第1刷発行［検印省略］
2019年9月20日　初版第3刷発行

著　　者　　澤井陽介 ⓒ
発　行　者　　福富　泉
発　行　所　　株式会社　図書文化社
　　　　　　　〒112-0012　東京都文京区大塚1-4-15
　　　　　　　TEL. 03-3943-2511　FAX. 03-3943-2519
　　　　　　　振替　00160-7-67697
　　　　　　　http://www.toshobunka.co.jp/
組　　版　　株式会社　さくら工芸社
印　刷　所　　株式会社　加藤文明社印刷所
製　本　所　　株式会社　村上製本所
装　　幀　　中濱健治

|JCOPY|　＜出版者著作権管理機構　委託出版物＞
本書の無断複写は著作権法上での例外を除き禁じられています。
複写される場合は，そのつど事前に，出版者著作権管理機構
　（電話03-5244-5088，FAX 03-5244-5089，e-mail: info@jcopy.or.jp）
の許諾を得てください。

ISBN978-4-8100-3631-2　C3037
乱丁・落丁本の場合はお取り替えいたします。
定価はカバーに表示してあります。

これからの授業と評価のために

教科調査官が語る これからの授業 小学校
言語活動を生かし「思考力・判断力・表現力」を育む授業とは
水戸部修治・澤井陽介・笠井健一・村山哲哉・直山木綿子・杉田洋編著
B5判　本体 2,400 円＋税

小学校理科 事例でわかる！ 子どもの科学的な思考・表現
全学年全単元の事例に，村山教科調査官のコメント解説付き！
村山哲哉編集　B5判　本体 2,400 円＋税

よりよい人間関係を築く特別活動
「人の中で人を育てる」特活で，生き方を育てるための熱いメッセージ
杉田洋著　四六判　本体 1,800 円＋税

観点別学習状況の 評価規準と判定基準
北尾倫彦監修　山森光陽・鈴木秀幸全体編集
B5判　小学校全9巻　セット価 19,000 円＋税

国語	田中洋一編	本体 2,400 円＋税
社会	片上宗二編	本体 2,200 円＋税
算数	白井一之・長谷豊・渡辺秀貴編	本体 2,400 円＋税
理科	村山哲哉・森田和良編	本体 2,200 円＋税
生活	清水一豊編	本体 1,600 円＋税
音楽	金本正武編	本体 2,200 円＋税
図工	阿部宏行編	本体 2,200 円＋税
家庭	内野紀子編	本体 1,600 円＋税
体育	髙橋健夫編	本体 2,200 円＋税

「言語力」を育てる授業づくり 小学校
新学習指導要領で求められる確かな学力の基盤。その考え方と授業例。
梶田叡一・甲斐睦朗編　A5判　本体 2,200 円＋税

小学校 古典指導の基礎・基本
古典に関する知識が満載，味わいと楽しさを伝える授業のために。
田中洋一著　B5判　本体 1,800 円＋税

図書文化

※定価には別途消費税がかかります